# 웨딩큐티

장상태 지음

**초판 1쇄 발행일**　2017년 3월 30일

**지은이**　장상태
**펴낸이**　김학룡
**펴낸곳**　엔크리스토
**마케팅**　이동석, 유영진
**관리부**　김동인, 신순영, 정재연, 박상진, 김정구

**출판등록**　2004년 12월 8일(제2004-116호)
**주소**　경기도 고양시 일산동구 장대길 74-10 (장항동)
**전화**　031-906-9191
**팩스**　0505-365-9191
**이메일**　9191@korea.com
**공급처**　기독교출판유통

ISBN 979-11-5594-029-7

잘못된 책은 서점에서 바꿔드립니다.
이 책은 엔크리스토가 저작권자와의 계약에 따라 발행한 책입니다. 저작권법에 의해 보호받는 저작물이므로 출판사와 저자의 허락 없이는 어떠한 형태로도 이 책의 콘텐츠를 이용할 수 없습니다.

# 웨딩 큐티

장상태 지음

엔크리스토

서문

  우리는 대학 입시를 위해 잠을 줄여가며 공부합니다. 또 취업을 위해 졸업을 늦춰가며 스펙을 쌓습니다. 그렇다면 결혼을 위해서는 어떤 공부나 준비를 하고 있습니까?

  결혼은 대입이나 취업보다 더 많은 준비가 필요하지만, 대다수가 아무런 공부나 훈련 없이 결혼을 맞이합니다. 한 사람의 인생에서 결혼이 차지하는 비중은 대략 30년에서 60년입니다. 인생의 절반 이상을 결혼 상태로 지내게 되는 것입니다. 따라서 결혼생활을 위해 공부하고 많은 준비를 해야 합니다. 이것은 단지 경제적인 준비만을 뜻하지 않습니다. 결혼에 대한 성경적인 지식과 배우자를 대하는 태도, 자신을 인식하는 수준, 신앙적인 면까지 모든 준비를 포괄합니다.

  준비된 결혼이 건강한 가정을 만듭니다. 건강한 가정이란 하나님을 주인으로 인정하고 모든 일을 하나님께 온전히 맡기며 섭리 가운데 그분의 통치를 받는 가정을 말합니다. 하나님 안에 있을 때 가정이 바로 서며 신앙과 마음이 건강한 자녀를 양육할 수 있습니다. 이런 가정을 통해서 교회도 건강히 세워집니다.

  오늘날 벌어지는 사회문제와 가정문제는 준비 없는 결혼에서 시작된다고 볼 수 있습니다. 결혼은 남자와 여자가 함께 살기로 동의하는 데서 시작하지 않습니다. 믿음을 가진 남자와 여자가 결혼에 대한 바른 신앙적 지식 없이 결혼생활을 시작할 때, 기대와 동시에 불안과 두려움을 안고 결혼을 맞이하게 됩니다. 첫 단추를 잘 끼워야 큰 어려움 없이 새로운 가정을 세워나갈 수 있습니다.

결혼은 사람간의 동의로 시작하지 않습니다. 이것은 세속적인 관념입니다. 성경적인 결혼은 하나님께서 시작하시고 만들어 가십니다. 이것은 바른 성경적 지식과 자신에 대한 이해, 배우자에 대한 지식을 포함합니다.

이 책은 하나님 안에서 결혼을 준비할 때 무엇을 어떻게 준비해야 할지에 관해 설명하고 있습니다. 성경적 결혼, 자신의 내면 문제, 배우자를 이해하는 문제, 갈등을 해결하는 방법 등에 대한 31개의 짧은 아티클로 이루어져 있습니다. 한 권의 책으로 결혼의 모든 것을 배울 수는 없지만, 결혼과 가정에 대해 계속해서 배우고 알아가야겠다는 동기부여가 될 것입니다.

저는 이 책의 저술을 위해 여러 관련 자료를 읽었습니다. 특히 결혼에 관한 주요한 성경적 설명의 근거로 팀 켈러 목사님의 《결혼을 말하다》와 손재익 목사님의 《십계명: 언약의 10가지 말씀》을 참고하였습니다. 나머지 참고문헌은 이 책의 마지막 페이지에 있습니다.

책이 나오기까지 많은 분들의 도움이 있었습니다. 먼저 저의 "돕는 배필"인 사랑하는 아내 장은정에게 감사드립니다. 교제 기간 7년과 결혼 기간 16년을 함께 지내왔지만 아직도 서로를 완전하게 알지 못합니다. 지금도 시간이 날 때마다 한두 시간씩 서로의 내면과 고민에 대해 나누며, 다른 두 존재가 하나 되어가는 신비를 "이 비밀이 크도다"(엡 5:32)라는 말씀처럼 알아가고 있습니다. 아마도 이 공부는 하나님 앞에 함께 서기 전까지 계속될 것입니다. 마지막으로 결혼 준비에 관한 저술을 제안해 주신 엔크리스토 김학룡 사장님과 이동석 차장님께 감사드립니다.

책 사 용 법

### 시간

두 사람이 함께 《웨딩 큐티》를 할 수 있는 날짜와 시간을 미리 정합니다. 반드시 두 사람이 함께할 수 있는 조용한 시간을 선택하시기 바랍니다. 1시간 정도 서로의 말을 집중해서 듣고 대화할 수 있어야 합니다.

### 장소

가능하면 조용히 대화할 수 있는 장소를 선택합니다. 카페에서 한다면, 음악소리가 크지 않고 조용한 곳을 선택합니다. 칸막이가 있거나 별도의 공간이 마련된 곳이라면 집중하는 데 도움이 될 것입니다.

### 태도

반드시 경청하는 태도를 가져야 합니다. 스마트폰은 무음으로 하고, 일이나 업무를 모두 끝낸 후 시작하기 바랍니다. 상대방을 정면으로 바라보고 응시하며 집중해서 듣습니다.

### 진행

이 책은 31개 과로 구성되어 있습니다. 하루에 한 과를 하면 됩니다. 인도는 가능하면 남자가 하는 것이 좋습니다. 아니면 짝수 과는 남자가, 홀수 과는 여자가 인도해도 좋습니다. 먼저 인도자가 본문을 읽습니다. 요약 부분은 다른 사람이 읽습니다. 질문은 총 3개입니다. 각각의 질문에 대해 서로의 생각을 말합니다. 꼭 기억해야 할 부분은 메모를 합니다. 마무리는 기도로 끝냅니다.

차례

서문 4 / 책 사용법 6

1. 내 몸처럼 사랑한다? 12
2. 과거의 상처 안아주기 14
3. 터치의 기적 16
4. 남자는 밧줄, 여자는 명주실 18
5. "I" 어법. 20
6. 말꼬리 어법 22
7. 잘 싸우는 방법 24
8. 왕과 왕비가 되는 비결 26
9. 성숙한 사랑이란? 30
10. 사랑은 포기하는 것 32
11. 왜 결혼을 만드셨는가 34
12. 사랑에도 노력이 필요해? 36
13. 대화의 기술 38
14. 듣는 기술 40
15. 사랑의 언어 42

| | | |
|---|---|---|
| 44 | 결혼, 무엇이 유익한가 | **16** |
| 48 | 결혼, 이 비밀이 크도다 | **17** |
| 50 | 언약으로 회복되는 사랑 | **18** |
| 52 | 여자는 돕는 배필? | **19** |
| 54 | 감정의 그릇 | **20** |
| 56 | 설거지 갈등 | **21** |
| 58 | 어떻게 돈을 쓸 것인가 | **22** |
| 60 | 웨딩드레스 투어 | **23** |
| 62 | 서로 달라야 행복하다 | **24** |
| 66 | 성적인 욕구는 왜 생기는가 | **25** |
| 68 | 혼전 순결이 필요해? | **26** |
| 70 | 행복의 비결, 청지기 의식 | **27** |
| 72 | 부모를 떠나라 | **28** |
| 74 | 남자는 다스리는 자? | **29** |
| 76 | 싸움은 성장을 위한 최고의 기회 | **30** |
| 78 | 가정의 경건 생활 | **31** |

81 주제별 목차 / 82 결혼 준비 과정 / 83 결혼 예산 세우기

아내를 얻는 자는 복을 얻고 여호와께 은총을 받는 자니라

잠언 18장 22절

# 1

# 내 몸처럼 사랑한다?

사람이 친구를 위하여 자기 목숨을 버리면 이보다 더 큰 사랑이 없나니 요15:13

### 함께 읽기

2011년 1월 8일 월요일, 미국에서 총기난사 사건이 일어났다. 애리조나 주 투산 시에 있는 세이프웨이 쇼핑몰 앞에서 가브리엘 기퍼즈 의원을 노린 범인이 권총으로 의원뿐 아니라 주변에 있던 시민을 향해 총기를 난사했다. 이 사고로 가브리엘 기퍼즈 민주당 하원의원이 중태에 빠지고, 연방판사와 기퍼즈 의원 보좌관 및 9세 소녀 등 여섯 명이 숨졌다.

현장에서 붙잡힌 범인은 22세의 대학 중퇴생 제러드 러프너였다. 그는 이날 오전 이곳에서 지역 주민들과 만나던 가브리엘 기퍼즈 의원과 참모진을 향해 갑자기 총을 쏘고는 현장에서 도주하다 쫓아온 주민들에게 붙잡혀 경찰에게 인도되었다. 현역 국회의원이 총격을 당한 것은 지난 1968년 로버트 케네디 상원의원 피살 이후 43년 만에 처음으로, 미국 정치권은 충격에 빠졌다.

이 사건이 보도된 다음날 "애리조나 총기난사 사건, 아내 구하고 사망 70대 '순애보'"라는 제목의 뉴스가 로이터 통신을 통해 보도되었다. 이날의 총기난사 사건에서 아내를 구하고 숨진 남편 도르완 스토다드(76세)의 사연이 알려지자 많은 사람들이 감동했다. 사망자 여섯 명 중 한 명인 스토다드는 사건 현장에 있다가 총성이 울리자 신속하게 아내 매버넬을 땅에 쓰러뜨렸다. 다급한 상황에서 아내를 보호하기 위해 남편 스토다드는 자신의 몸으로 아내를 덮어 범인의 총구에서 뿜어져 나오는 총탄을 막았다. 스토다드는 머리에 총상을 입고 그 자리에서 즉사했다. 아내

매버넬은 다리에 총탄 세 발을 맞는 부상을 당했지만 생명에는 지장이 없어 목숨을 구할 수 있었다.

  부부는 이날 아침을 먹으러 쇼핑센터에 들렀다. 매버넬은 가브리엘 기퍼즈 의원에게 지지 의사를 표현하려고 줄을 서 있다가 이런 참변을 당했던 것이다. 아내 매버넬은 총성이 났을 때 쇼핑센터에서 불꽃놀이를 하는 줄 알았다고 한다. 그녀가 다리에 총상을 입은 사실을 알게 된 것도 남편과 함께 응급실에 도착한 뒤였다.

  초등학교 때 친구였던 두 사람은 각자 배우자와 사별하고 1996년 재혼했다. 부부가 다니는 마운틴애비뉴 교회 마이클 노왁 목사는 투산 지역방송 KVOA와의 인터뷰에서 "부부는 신앙심이 대단히 깊어 교회 활동을 열심히 했다"면서 "스토다드의 행동은 진정한 사랑으로, 아내가 위험에 처했을 때 세상 대부분의 남편들이 할 일"이라고 말했다.

## 요 약

사랑은 처음에 감정으로 시작합니다.
그러나 감정은 시간이 지나면서 사그라지기 마련인데, 이때 사랑도 사라진다면 진짜 사랑이라고 할 수 없습니다. 성숙한 사랑은 자기 중심적인 감정이 아니라, 상대방을 위한 헌신으로 드러납니다. 사랑은 무르익을수록 말이 아니라 행동으로 드러납니다. 그렇게 나를 포기하고 희생하는 데까지 가는 것이 진정한 사랑입니다.

## 질 문

- 위 글을 읽고 느낀 점을 말해 봅시다.
- 위와 같은 상황에서 나는 어떻게 행동할까요?
- 상대를 위해 희생할 각오가 되어 있는지 구체적으로 나누어 봅시다.

# 2

# 과거의 상처 안아주기

미움은 다툼을 일으켜도 사랑은 모든 허물을 가리우느니라 잠 10:12

### 함께 읽기

  그녀는 남자친구 아담과 공항 1층 매점에서 만나기로 했다. 아담은 2주간 외국으로 출장을 갔다가 오늘 귀국할 예정이었다. 그녀는 들뜬 마음으로 기다렸지만 약속 시간이 30분이나 지났다. 그녀는 아담과 연락할 길이 없었다. 아담이 스마트폰을 집에 두고 출장을 갔기 때문이다. 한 시간 반이 지나도 그는 나타나지 않았다. 초조함과 불안이 몰려오기 시작했다. 그녀는 아담이 당할 수 있는 최악의 시나리오를 상상하기 시작했다. 그때 저 멀리서 아담이 환한 얼굴로 뛰어왔다. 그녀는 반가움보다 주체할 수 없는 분노가 치밀어 올라 공항청사가 울리도록 크게 고함을 질렀다.

"왜 이제 오는 거야!"

"아…아니, 아래층 면세점에서 만나기로 한 줄 알고 거기서 기다렸지."

"내가 매점이라고 했잖아! 왜 그렇게 멍청해!"

"왜 화를 내고 그래?"

  아담은 놀란 얼굴로 물었다. 그녀도 자신이 왜 이렇게 화가 나는지 알 수 없었다. 아담은 하루 종일 화가 풀리지 않는 그녀를 참아 주었고, 그녀의 격한 감정을 이해하려고 애썼다. 그녀는 자신이 왜 이렇게 화가 났는지, 며칠 후 다시 이 사건을 얘기하면서 깨닫게 되었다. 20년 전 그녀를 둘러싸고 부모님 사이에서 일어난 폭력적인 싸움, 그것이 최초의 씨앗이었다.

유년 시절, 엄마가 그녀를 잃어버려 실종 신고를 한 적이 있었다. 그날 아침, 엄마는 "유치원 끝나면 다른 데 가지 말고 엄마가 올 때까지 집 뒤뜰에서 놀고 있어"라고 말했다. 그녀는 엄마 말대로 유치원이 끝나자마자 집으로 향했다. 그런데 집 앞에 다다른 순간 옆집 아주머니가 "네 아빠한테 전화가 왔는데, 네가 집에 도착하면 우리 집에 와 있으라고 하더라" 하면서 같이 가자고 했다. 그녀는 아주머니 집에 들어가 인형 놀이를 하며 엄마를 기다렸다.

　저녁쯤이었다. 창문 밖으로 여러 대의 경찰차가 나타났고, 엄마는 미친 사람처럼 경찰에게 달려들었다. 거의 동시에 아빠가 도착했고, 급하게 차에서 내린 아빠는 엄마에게 다가가 자초지종을 설명했다. 그날 저녁, 그녀는 최악의 부부 싸움을 보았다. 엄마는 언성을 높이며 아빠를 탓했고, 아빠는 화를 참지 못하고 엄마에게 손찌검을 했다. 그녀는 자신이 이 싸움의 원인이라는 극심한 공포감과 죄책감으로 온몸을 떨어야 했다. 이 사건은 어른이 되고 나서도 여전히 그녀에게 영향을 미치고 있었다. (참고 및 각색, 《부부심리 이해》)

## 요약

누구에게나 어린 시절의 상처가 있습니다.
과거의 상처는 어른이 된 후에도 우리의 행동과 생각에 영향을 미칩니다. 특정 상황에서 과도한 공포와 분노 등의 감정을 느낀다면 과거의 상처 때문일 수 있습니다. 지난날의 힘들었던 상처와 충격을 서로에게 나눌 수 있다면, 서로를 이해하는 데 큰 도움이 될 것입니다.

## 질문

- 위 글을 읽고 느낀 점을 말해 봅시다.
- 과거에 충격적인 사건을 경험한 일이 있습니까?
- 나의 상처와 아픔을 상대에게 이야기하고 서로 따뜻하게 안아줍시다.

# 3

# 터치의 기적

여호와의 천사가 또 다시 와서 어루만지며 이르되 일어나 먹으라
네가 갈 길을 다 가지 못할까 하노라 하는지라 왕상 19:7

### 함께 읽기

 미국 웨슬리언 대학은 선생님이 학생들의 머리를 쓰다듬거나 손과 어깨를 만지는 터치가 아이들의 통제력을 키우는 데 큰 도움이 된다는 연구 결과를 발표했다. 또한 엄마가 아이 얼굴을 만져주거나 등을 쓰다듬어주면 아기의 스트레스 호르몬이 줄어들고 뇌신경 세포가 증가한다는 분석도 나와 있다. 병원에서 큰 수술을 앞둔 환자의 손이나 어깨 혹은 몸을 만져주면 긴장이 풀리고 안정을 찾는다는 보고도 있다.

 사람에게는 CT 수용체라는 것이 있다. 이것은 피부에 털이 난 부위에만 분포해 있다. 손바닥이나 발바닥처럼 털이 없는 부분에는 CT 수용체가 존재하지 않는다. 털이 있는 포유류는 모두 모근에 이 수용체를 가지고 있다. 그래서 동물들도 쓰다듬는 행동을 하는데, 이것은 청결뿐만 아니라 친밀감과 안정감 형성에 큰 역할을 한다. 개의 경우에도 주인이 개의 털을 만져주면 털 아래 있는 CT 수용체 때문에 주인에게 애착을 느낀다고 한다.

 이것은 부부에게 매우 중요하다. 어른이라고 해도 서로 자꾸 만져주어야 정서적인 만족감을 가질 수 있다. 자주 손을 잡아야 하고, 안아주어야 한다. 가벼운 키스와 터치는 정서적인 안정감을 줄 뿐만 아니라 몸의 면역력도 높여 준다.

 "마라스무스"라는 병이 있다. 이 병은 발견한 사람은 르네 스피츠 박사였다. 그는 부모 없이 자란 아이들을 돌보는 병원 원장이었는데, 아이들이 영양이 충분한데도 이유 없이 죽어가는 현상을 보고 연구한 끝에 이 병을 발견했다. 아이에게 접촉이나 터치를 하지 않으면 면역력이 급격히 떨어져 죽음에 이를 수도 있다는 사실을 밝혀낸 것이다.

　남자와 여자도 그렇다. 애정 어린 터치는 평생 동안 계속되어야 한다. 결혼했다고 완성되는 것이 아니라, 결혼 이후에도 지속적으로 필요하기 때문에 한 가정에서 살도록 부름 받았는지도 모른다. 서로의 손과 머리, 어깨를 많이 만져주자. 그러면 세상을 이길 면역력이 길러지고 더욱 깊은 사랑을 만들 수 있을 것이다.

 요약

한자로 사람이라는 뜻의 인(人)은 두 사람이 서로 기대고 있는 모양입니다.
터치는 사람과 사람을 연결해줍니다. 관계가 소원하다 해도 미안한 마음을 담아 상대방의 등이나 어깨를 어루만진다면 마음이 진정되고 좋은 관계의 문이 열릴 것입니다. 상대가 자주 불안해하고 초조해한다면 그만큼 자주 안아주고 쓰다듬어주십시오. 당신에게서 위로와 안정을 얻을 것입니다.

### 질문

- 위 글을 읽고 느낀 점이나 나의 의견을 나누어 봅시다.
- 얼마나 자주 서로를 터치하고 있습니까?
- 내가 싫어하는 스킨십과 좋아하는 스킨십에 대해 상대에게 이야기해 봅시다.

# 4

# 남자는 밧줄, 여자는 명주실

그는 사랑스러운 암사슴 같고 아름다운 암노루 같으니
너는 그 품을 항상 족하게 여기며 그 사랑을 항상 연모하라 잠 5:19

## 함께 읽기

결혼생활에서 부부의 성은 종종 오해를 받는다. 특히 남자들은 시중에 난무하는 성 상품화 지식으로 인해 잘못된 정보를 가지고 성을 이해한다. 가끔은 성인 영화나 동영상 등에서 본 대로 현실에 적용하려고 시도한다. 그러나 이는 영화적 재미나 자극적인 영상을 위해 현실성 없이 연출된 내용일 뿐이다. 말초신경을 자극하는 이러한 영상은 비인격적인 관계를 전제로 제작된다.

그렇다면 성을 다룰 때 가장 먼저 고려해야 하는 부분은 무엇인가? 성에 있어서 가장 중요한 부분은 뇌이다. 남자와 여자의 성은 단순한 육체적 결합이 아닌 훨씬 더 고차원적인 메커니즘을 가지고 있다. 남자들은 단순하게 생각하는 경향이 있어서 특정 부위만을 자극하려고 드는데, 이것은 매우 미숙한 방법이다. 몸을 준비시키는 최고의 방법은 정서나 마음을 자극하는 것이다. 이것을 위한 중요한 첫 번째 과정이 대화이다.

성에 있어서 가장 중요한 점은 성관계의 횟수나 성적 자극을 주는 스킬이 아니라, 두 사람이 얼마나 깊이 하나됨을 경험하는가이다. 신혼 초기에는 에너지가 넘쳐흐른다. 그러다가 시간이 지날수록 성적인 매력이나 흥분이 줄어들어 40대, 50대가 되면 각방을 써도 아무렇지 않은 사이가 되기도 한다. 그러나 70대가 되어도 여전히 행복한 성을 즐길 수 있다. 그것은 서로가 평소에 얼마나 친밀한 관계를 유지해 왔느냐에 달려 있다. 침대 밖에서의 궁합이 침대 위에서의 궁합과 직결된다.

여자는 성에 있어서 몸보다는 정서적인 준비가 먼저 필요하다. 남자는 육체적인 자극에 상당히 민감하여 언제든지 실전에 들어갈 준비가 되어 있는 반면, 여자는 섹스 자체보다는 따뜻한 허그나 부드러운 키스, 포옹, 애무를 갈망하는 경우가 많다. 남자가 여자의 정서를 고려하지 않고 일방적인 관계를 시도할 경우, 여자는 극단적으로 심한 모멸감을 느낄 수 있다. 여자는 예민하고 섬세한 존재이다. 남자의 정서가 밧줄이라면, 여자는 명주실이라고 할 수 있다. 여자의 몸을 열고 싶다면 먼저 분위기를 만들고 따뜻한 대화를 시도해야 한다. 최고의 성감대는 몸이 아니라 마음이라는 사실을 기억하며, 말과 행동이 성적 전희가 될 수 있음을 염두에 두어야 한다.

 요 약

성은 부부에게 주신 선물입니다. 우리는 이 선물을 즐기고 누려야 합니다.
그러기 위해서는 서로의 몸과 정서적인 특징을 먼저 알아야 합니다. 남자의 성과 여자의 성은 하늘과 땅만큼이나 큰 차이가 있습니다. 남편은 육체적인 관계 전에 아내의 마음을 공감하고 품으면서 시작해야 하고, 아내 역시 남편의 성적 욕구를 존중하고 그 즐거움을 함께 누려야 합니다.

## 질 문

- 위 글을 읽고 난 후 어떤 생각이 드나요?
- 남자의 입장에서, 성에 대해 어떤 생각을 가지고 있는지 말해 봅시다.
- 여자의 입장에서, 자신의 성적 즐거움은 어디에 있는지 말해 봅시다.

# 5

# "I" 어법

유순한 대답은 분노를 쉬게 하여도 과격한 말은 노를 격동하느니라 잠15:1

### 함께 읽기

남자는 강남역 3번 출구에서 여자를 기다리고 있었다. 약속 시간이 벌써 30분이나 지났다. 점점 인내심에 한계가 오기 시작했다. 전화는 계속 통화중이었다. 결국 15분이 더 지나고 나서야 저 멀리 스마트폰을 들고 천천히 걸어오는 여자의 모습이 보였다. 남자는 상기된 얼굴로 짜증을 냈다. "무슨 전화를 그렇게 오래해? 좀 빨리 다니면 안 돼? 너는 항상 사람을 지치게 만들어!" 여자는 미안하다고 말했지만 남자의 분노 섞인 말에 감정이 상했다. 그녀는 속으로 생각했다. '흥, 자기는 뭐 늦은 적 없나? 자기도 전화 안 받을 때 많으면서.' 그날의 데이트는 두 사람 모두 즐겁지 않았다.

이런 상황에서 서로 감정 상하는 일을 피할 수는 없을까? 남자가 일인칭으로 말했다면 분위기는 조금은 달라졌을 것이다. "나는 네가 전화를 받지 않으면 많이 답답하고 힘들어. 계속 서서 기다리느라 다리도 아프고, 기분도 안 좋아. 네가 빨리 보고 싶었단 말이야."

사람들은 화가 나면 바로 상대방의 잘못을 지적하거나 공격한다. 아무리 상대방 잘못이 맞다 하더라도 비난하고 정죄하는 말을 아무렇지 않게 받아들이기는 힘들다. 더구나 모르는 사람도 아니고 내가 사랑하는 사람이 그런 말을 한다면 상처가 더 깊을 수밖에 없다. 분노를 쏟아놓으면 그 분노가 상대방에게 고스란히 전달되고, 이후의 대화는 싸움으로 발전할 가능성이 매우 높다. 그런 상황을 피하려면 반드시 "나는"으로 대화를 시작하는 것이 좋다.

내 마음 상태가 어떤지를 설명하면서 대화를 시작하면, 상대방에게 나의 정서와 감정을 이해시킬 수 있다. 이해시키려고 말하는 것과 상대방의 잘못을 지적하기 위해서 말하는 것은 큰 차이가 있다. 내 감정과 정서와 마음을 설명하는 것은 갈등 상황에서 많은 도움이 된다. 내가 특정한 상황에서 어떻게 반응하고 감정이 움직이는지 상대방이 파악하고 적절하게 대응할 수 있기 때문이다. 그러면 나중에 같은 상황이 반복되더라도 같은 공격과 분노가 전달되지 않는다. 약속에 늦은 상대는 오래 기다린 사람의 상황과 마음을 이해하고 상대방의 반응을 예상하게 된다. 그렇게 서로에 대한 이해의 폭이 더 넓어질수록 갈등과 싸움을 줄일 수 있고, 상대방에게 나를 이해시킬 수 있다.

 요 약

일인칭으로 말하기는 "나는"으로 시작합니다.
이인칭으로 말하기는 "너는"으로 시작합니다. "너는"으로 시작하면 자연스럽게 상대방을 공격하거나 비난하기 쉽습니다. "당신이 틀렸어." "네가 그랬잖아." 이인칭 어법을 쓰면 원인을 상대방에게 돌리게 되고, 결국 대화는 끝이 나지 않습니다. 그러나 "나는"으로 시작하면 자신의 감정에 집중하기 때문에 상대방을 비난하지 않고 서로의 감정을 이해하게 됩니다.

### 질 문

- 위 글을 읽고 난 후 어떤 생각이 드나요?
- 오늘의 기분을 "나"를 주어로 말해 봅시다.
- 앞으로는 상대방에게 화가 날 때 "너"로 시작하지 않기로 약속해 봅시다.

# 6

# 말꼬리 어법

근심이 사람의 마음에 있으면 그것으로 번뇌하게 되나
선한 말은 그것을 즐겁게 하느니라 잠6:2

### 함께 읽기

남자는 오늘 회사에서 상사에게 심한 욕을 들었다. 며칠 동안 야근이 이어진 상황이었다. 상당히 지치고 기분이 가라앉은 상태에서 집으로 돌아왔다. 현관문을 열고 들어오자 신발이 가득 차 신발을 벗을 자리가 없었다. 거실은 아침에 급하게 나가며 어질러 놓은 상태 그대로였다. 여자는 남자가 온 줄도 모르고 열심히 친정엄마와 통화중이었다.

"먼저 왔으면 좀 정리 좀 해라."

여자는 이 말에 기분이 상했다.

"그럼 당신이 일찍 일어나서 정리해. 나보다 늦게 일어나잖아."

그날의 전쟁은 그렇게 시작되었다.

만약에 여자가 남자의 피곤함을 알아주는 말을 해주었다면 어땠을까?

"당신 오늘 많이 힘들었구나."

사람은 상대방이 자기 마음을 읽어줄 때 공격성이 떨어진다. 보통은 마음을 읽어주면 마음속 이야기를 하기 시작한다. "나, 직장 때려치울까?"

특히 남자가 여자와 소통을 잘하기 위해서 꼭 명심해야 할 것이 있다. 바로 상대방의 말끝을 따라하는 것이다. 여자가 "기분 나빴다" "힘들었다" 말을 하면, "힘들었구나" "나빴구나" 하고 말끝을 따라해 보자. 말끝을 따라하면 상대방이 공감받는다고 느껴 마음을 더 열게 된다. 아래의 말을 반드시 익히자. 상대방의 마음을 녹이고 편하게 대화할 수 있는 신비한 말들이다.

"그랬구나."

"이런!"

"그래?"

"아…"

"와우!"

이렇게만 말해도 얼마든지 대화를 이어갈 수 있다. 이것은 특히 남자가 알아두면 좋다. 정답을 말하지 말고 느낌을 말하자. 그러면 훨씬 안전하고 편한 대화를 이어갈 수 있다.

요약

남자는 여자와 대화를 나눌 때 정답과 해결에 집중합니다.
반면 여자는 느낌과 감정 전달에 집중합니다. 서로의 대화 방법에 큰 차이가 있는 것입니다. 그 사이를 매울 수 있는 좋은 방법은 공감하는 말을 자주 사용하는 것입니다. 이것을 '반영적 경청'이라고 합니다. 맞장구만 쳐주어도 얼마든지 편하고 긴 대화를 이어갈 수 있습니다.

질문

- 위 글을 읽고 느낀 점을 말해 봅시다.
- 상대방의 말에 공감의 언어로 표현하는 연습을 해봅시다.
- 자신의 공감의 언어를 각자 5개씩 써보고, 함께 읽어 봅시다.

# 7

# 잘 싸우는 방법

죽고 사는 것이 혀의 힘에 달렸나니
혀를 쓰기 좋아하는 자는 혀의 열매를 먹으리라 잠 18:21

*함께 읽기*

　남자와 여자는 그동안 살아온 문화도 다르고 언어 습관도 다르기 때문에 갈등이 생긴다. 이 갈등이 감정 상하는 말싸움으로 발전될 때도 있다. 이것은 서로 사귀면서, 또 함께 살면서 필연적으로 겪게 되는 과정이다. 싸움은 때로 긍정적이고 좋은 결과를 낳기도 한다. 그러나 잘 싸우기 위해서는 기술이 필요하다. 먼저 다음과 같은 규칙을 정해 보자.

　첫째, 공간을 정한다. 어떤 부부는 미리 정한 공간에서만 싸움을 한다고 한다. 장소는 옷방이 될 수도 있고 부엌이 될 수도 있다. 그러나 침실은 반드시 제외하도록 하자. 침실은 안전한 장소로 남겨 두어야 한다. 싸우는 공간 밖으로 나가지 않는 것도 중요하다. 친정을 간다든지, 집을 나가서 외박을 한다든지 하는 과격한 행동은 하지 않도록 서로 약속한다.

　둘째, 반드시 사람들이 없는 곳에서 싸운다. 다른 사람이 보는 데서 받은 상처는 굉장히 크고 오래간다. 특히 자녀들이 보는 앞에서는 싸우지 않도록 굳게 약속해야 한다. 아이들은 세상의 전부인 부모가 싸우는 것을 이해하지 못하고, 어른들이 상상하지 못할 정도로 정신적인 충격을 받는다. 아동의 불안장애, 주의력결핍장애 등의 정서 및 감정 장애는 대부분 부모의 분노와 싸움에 아이들이 노출되면서 시작된다. 절대 자녀 앞에서는 싸우지 않기로 다짐하자.

　셋째, 상대의 가족에 대해 말하지 않는다. 상대방의 가족 이야기를 꺼내 가족을 공격하는 순간, 싸움은 불필요하게 길어지고 서로에게 깊은 상처를 남긴다. 특히 부모에 대한 분노나 아픈 과거가 있는 경우, 부모나 가족이 공격당한다고 여겨지면 이성을 잃을 정도로 분노하게 된다. 싸움 중에는 절대 상대방의 가족 이야기를 하지 않기로 하자.

 싸움을 할 때는 지는 게 이기는 것이라는 사실을 명심해야 한다. 친밀하다 보면 사소한 일로 부딪힌다. 남자와 여자는 인류 평화나 북핵 문제 혹은 엘리뇨와 같은 환경 문제로 싸우지 않는다. 보통은 사소한 문제로 싸우는데, 사소한 문제에 대해 굳이 서로를 이기려고 들 필요는 없다. 부부싸움은 서로 져주기 위해 해야 한다. 내가 옳아도 져주고, 때로는 마지못해 져주고, 때로는 상대방이 이길 수 있게 져주는 것이다. 내가 한 번 져주면, 상대방도 나에게 한 번은 져준다는 사실을 기억하자. 진정으로 실력 있고 자존감 높은 사람만이 너그러울 수 있다. "당신이 옳아." 이 말을 자주 해보자. 성숙한 싸움은 서로를 깊이 이해하는 통로가 된다.

 요 약

*좋은 관계는 싸움이 없는 관계가 아닙니다.*
서로 알아가고 성숙해가는 과정에서 갈등은 생길 수밖에 없습니다. 중요한 것은 갈등을 통해 어떻게 성숙으로 나아가느냐입니다. 몇 가지 원칙만 지킨다면, 갈등은 오히려 깊은 관계를 위한 디딤돌이 될 것입니다.

### 질 문

- 위 글을 읽고 느낀 점을 말해 봅시다.
- 위의 글을 참고하여 우리만의 싸움 원칙을 정해 봅시다.
- 남자와 여자의 갈등에서 승자는 없습니다. 서로 져주기로 다짐해 봅시다.

# 8

# 왕과 왕비가 되는 비결

선한 말은 꿀송이 같아서 마음에 달고 뼈에 양약이 되느니라 잠 16:24

### 함께 읽기

남자들이 목숨처럼 중요하게 생각하는 것이 있다. 그것은 자존심이다. 남자가 가장 분노할 때는 자존심에 심하게 상처를 받을 때이다. 반대로, 남자는 칭찬받고 유능함을 인정받을 때 만족과 안정을 느낀다. 유능하다는 말은 아무리 많이 들어도 싫증이 나지 않는다.

그러나 여자는 남자와 다르다. 여자가 목숨처럼 중요하게 생각하는 것은 사랑이다. 따뜻한 사랑으로 돌봄을 받고 있고 상대방이 나를 세심하게 배려해준다고 느낄 때 만족과 안정을 느낀다. 그녀는 사랑한다는 말을 아무리 많이 들어도 싫증내거나 싫어하지 않는다.

그래서 남자는 자신을 인정해주는 사람을 위해 충성을 다하고, 여자는 자신을 사랑해주는 사람을 위해 모든 것을 바칠 수 있다. 서로에게서 이것이 충족되면 관계 안에서 깊은 만족과 안정을 누릴 수 있게 된다.

그러나 만약 여성이 남자를 하인처럼 생각하고 무시하면, 남자는 공격성이 발휘되어 극도로 저항한다. 그리고 자신을 무시한 상대를 똑같이 무시한다. 결국 둘의 관계는 하인과 하녀의 관계가 되어 버린다.

남자를 제일 격분하게 하는 말은 "별 볼일 없는 사람이 어디서 큰소리야?" "쥐꼬리만 한 월급 벌어다주면서 뭐가 그리 당당해?"와 같은 말들이다. 아무리 화가 나더라도 남자의 자존심을 긁는 말은 피해야 한다. 반대로 남자가 여자에게 말할 때

피해야 하는 말이 있다. 여자는 항상 사랑받고 싶은 존재이므로 외모에 대한 지적이나 다른 여성과 비교하는 말을 들을 때 분노한다. 여자는 그 남자에게 세상에서 제일 예쁘고 유일한 존재여야 한다.

 따라서 서로 왕이 되고 왕비가 되려면, 먼저 상대방의 자존심을 세워주고 사랑의 표현을 해주어야 한다. 서로가 서로를 더욱 빛나게 만들어야 한다. 여자에게 최고의 화장품은 남편의 깊은 배려와 관심이다. 남자에게 최고의 옷은 아내의 인정과 존중이다. 이 사실을 잘 기억하면, 내가 왕 또는 왕비로 귀하게 여김 받으며 살고 있다는 사실로 인해 행복을 느낄 것이다.

요 약

서로의 얼굴을 빛나게 하고 아름답게 만드는 비결은 어렵지 않습니다.
여자는 남자의 자존심을 조금만 세워주면 되고, 남자는 여자를 아끼는 표현을 조금 더 하면 됩니다. 그러면 세상에서 가장 멋진 왕과 세상에서 가장 아름다운 왕비를 보게 될 것입니다.

질 문

- 위 글을 읽고 느낀 점을 말해 봅시다.
- 지금까지 상대방에게 들었던 말 중 가장 기분 좋았던 말을 이야기해 봅시다.
- 내가 상대방에게 가장 듣고 싶은 말은 무엇인지 세 가지씩 써봅시다.

너희도 각각 자기의 아내 사랑하기를 자신 같이 하고
아내도 자기 남편을 존경하라

에베소서 5장 33절

# 9

# 성숙한 사랑이란?

우리가 이 계명을 주께 받았나니
하나님을 사랑하는 자는 또한 그 형제를 사랑할지니라 요일 4:21

### 함께 읽기

샌드라 데이 오코너는 미국 최초의 연방 대법원 여성 대법관이다. 1981년 로널드 레이건 대통령은 오코너를 대법관으로 임명했고, 오코너는 2006년 은퇴할 때까지 25년간 대법관직을 수행했다.

이 여성 대법관의 감동적인 사랑 이야기가 신문을 통해 보도된 적이 있다. 그녀의 남편은 알츠하이머병으로 요양원에 장기간 입원해 있었다. 그녀는 법관으로서 해야 할 일이 많았고 늦게 퇴근하는 경우도 자주 있었다. 하지만 남편을 간호하기 위해 중직을 포기하는 것은 너무 큰 희생이라는 생각도 들었다. 오랜 고심 끝에 그녀는 결단을 내렸다. 알츠하이머병에 걸린 남편과 더 많은 시간을 보내기 위해 미련 없이 대법관 직을 내려놓은 것이다.

남편을 간호하기 위해서 요양원에 갔지만, 행복한 시간이 그녀를 기다리고 있는 것은 아니었다. 남편은 병이 악화되면서 점점 기억을 잃어갔다. 심지어 법관 직을 포기하고 남편을 돕기 위해 병원으로 온 아내를 알아보지 못했다. 뿐만 아니라, 남편은 요양원에서 만난 다른 여성과 사랑에 빠져 있었다. 아내를 아는 지인들은 이런 상황을 안타까워하며 후회하지 않느냐고 물었다. 오코너는 이렇게 대답했다. "나를 기억하지 못하고 다른 여성을 사랑한다 해도 남편만 행복하다면 나는 기쁩니다."

그녀의 대답은 많은 사람을 감동시켰다. 어느 심리학자는 그녀의 말을 이렇게 정의했다고 한다. "젊어서의 사랑은 자신의 행복을 바라는 것이고, 황혼의 사랑은 다른 누군가가 행복해지길 바라는 것이다."

 사랑은 자기만족을 위한 감정이 아니다. 성숙하지 못한 사랑은 자아를 위한 사랑이다. 성숙해질수록 사랑은 안에서 밖으로 흐른다. 황혼의 무르익은 사랑은 자기만족이 아니라 상대의 만족을 추구한다. 사랑이 아름다운 것은 내가 행복해서가 아니라 상대가 행복하기 때문이다. 성경의 아가페 사랑은 결국 자기를 비우고 희생하며, 상대의 기쁨을 나의 기쁨으로 삼는 사랑을 의미한다.

## 요약

### 사랑이란 무엇일까요?

젊을 때의 사랑은 나를 위한 사랑일 수 있습니다. 그러나 사랑은 깊어질수록 자아 중심에서 점점 상대방 중심으로 흐릅니다. 성숙한 사랑은 에로스의 사랑에서 아가페의 사랑으로 나아갑니다.

## 질문

- 위 글을 읽고 느낀 점을 말해 봅시다.
- 나는 사랑하는 이를 위해 무엇을 포기할 준비를 했나요?
- 받는 사랑보다 주는 사랑이 복된 사랑이라면, 상대방에게 무엇을 줄 수 있나요?

# 10

# 사랑은 포기하는 것

너희가 짐을 서로 지라 그리하여 그리스도의 법을 성취하라 갈 6:2

### 함께 읽기

옛날 어떤 나라에 왕이 살고 있었다. 그는 주변 많은 나라를 정복하고 다스리는 뛰어난 지혜와 권세를 가진 왕이었다. 신하들은 왕의 존전 앞에 무릎을 꿇었고, 누구도 감히 왕에서 말을 붙이지 못했다.

그런데 어느 날 왕이 사랑에 빠졌다. 그 여인은 신분이 낮은 비천한 여종이었다. 왕은 고민에 빠졌다. 어떻게 하면 그녀가 나를 사랑하게 될까? 왕은 여인의 순수한 사랑을 얻고 싶었다. '만약 여종을 궁전으로 데려와서 화려한 여왕의 관을 씌우고 여왕 옷을 입히고자 한다면, 그녀가 흔쾌히 내 제안을 수락할까? 하지만 그렇게 한다고 그 여종이 나를 진심으로 사랑하게 될까? 내가 사랑하는 여종을 어떻게 하면 행복하게 할 수 있을까?' 왕의 고민은 깊어갔다.

왕은 여러 방법을 궁리했다. 여종이 사는 작은 오두막집에 갈 때 수많은 장병들을 데리고 화려한 행차를 할까도 생각해 보았다. 그러나 여종이 겁을 먹을 것만 같았다. 왕은 이 여종이 겁에 질린 자신의 하녀가 되기를 원치 않았기 때문에 그 생각을 실행에 옮기지 않았다. 결국 왕은 그녀를 위해 모든 권력과 특권을 포기하기로 결심했다. 그리고 왕좌에서 내려왔다. 왕은 화려한 옷을 벗고, 누추한 옷차림을 했다. 그리고 여종이 사는 오두막집을 향했다. 사랑하는 여종을 얻기 위해 여종과 같은 신분이 되었던 것이었다.

위 글은 이야기이지만, 실제로 역사 속에서 일어났던 일이다. 바로 영국 국왕 에드워드 8세의 이야기이다. 그는 1936년에 영국 국왕의 자리에 올랐지만, 1년 만에 왕위를 포기했다. 왜냐하면 사랑하는 여인이 있었기 때문이었다. 그녀는 전 남편의 심각한 의처증과 폭력 때문에 이혼을 한 경력이 있는 여인이었다. 문제는 영국 국법에 왕은 이혼녀와 결혼할 수 없게 되어 있다는 것이었다. 국왕 에드워드 8세는 깊은 고민에 빠졌다. 국왕의 권력을 유지하면서, 사랑하는 여인을 떠나보낼 것인가? 아니면 이 여인을 위해 국왕의 자리를 버릴 것인가? 결국 그는 영국 국왕이라는 자리를 포기했다.

## 요약

**사랑은 먼저 포기하는 것입니다.**

진짜 사랑하면, 포기할 수 있습니다. 어릴 때의 사랑은 나를 위한 사랑이지만, 성숙한 사랑은 상대를 위한 사랑입니다. 나의 자존심과 고집을 포기하고 내려놓을 수 있는 사랑이야말로 성숙한 사랑입니다.

## 질문

- 위 글을 읽고 느낀 점을 말해 봅시다.
- 상대방을 위해 내려놓아야 할 것이 있다면 이야기해 봅시다.
- 포기하는 사랑을 위해 서로 기도합시다.

# 11

# 왜 결혼을 만드셨는가

하나님이 자기 형상 곧 하나님의 형상대로 사람을 창조하시되
남자와 여자를 창조하시고 창 1:27

### 함께 읽기

위키 백과사전에서는 결혼을 이렇게 정의한다. "가족을 만드는 하나의 방법으로 쌍방 간의 합의에 의해 이루어지는 법률행위이다. 일종의 계약으로서 혼인에 합의한 당사자가 혼인신고를 하면서 법률혼은 시작된다. 이로써 부부, 남편, 아내 등으로 일컬어지는 계약관계가 형성되고 인척도 발생한다."

배링턴 버렐에 따르면 "결혼이란 두 사람, 즉 남성과 여성이 함께 성스러운 혼인 잔치에 참여하게 될 때 이루어지는 신성한 계약"이다. 이는 일종의 사회계약으로서 사람이 맺은 계약이기 때문에 최종 결정자는 인간이다. 계약 당사자가 계약을 파기하면, 결혼은 얼마든지 파기될 수 있다.

그러나 성경은 다르게 말한다. 결혼은 인간에서 시작되지 않았다. 성경은 결혼이라는 제도의 근거를 인간의 계약에서 찾지 않는다. 결혼은 하나님이 만드신 제도이다. 하나님은 결혼하는 당사자인 남자와 여자의 존재를 만드셨다. 그리고 이 둘을 연합하게 하셨다. 결혼의 기원은 하나님에게서 시작해야 한다. 창세기 1:27은 "하나님이 자기 형상 곧 하나님의 형상대로 사람을 창조하시되 남자와 여자를 창조하시고"라고 말한다. 창세기 2:18에서 하나님은 "사람이 혼자 사는 것이 좋지 아니하니 내가 그를 위하여 돕는 배필을 지으리라"라고 말씀하셨다. 결혼은 하나님께서 인도하시고 짝을 지워주시는 것이다. 단순히 사람의 계약으로 만들어지는 관계가 아니다. 결혼이 신성한 이유는 인간의 계약으로 모든 것이 이루어진 것이 아니라, 하나님께로부터 시작되었고, 하나님께서 만나게 하시고, 짝을 지워주셨다는 믿음에 근거하기 때문이다.

그러나 남자와 여자의 행복만을 위해서 둘을 연합시키신 것은 아니다. 가정은 하나님의 뜻과 계획을 반영하는 곳이다. 바로 창조의 목적에 그 답이 있다. 하나님은 창조를 마치시고 남자와 여자에게 명령하셨다. "하나님이 그들에게 복을 주시며 하나님이 그들에게 이르시되 생육하고 번성하여 땅에 충만하라, 땅을 정복하라, 바다의 물고기와 하늘의 새와 땅에 움직이는 모든 생물을 다스리라 하시니라." 결혼은 인간의 행복이라는 목적보다 더 크고 숭고한 목적을 가지고 있다. 웨스트민스터 신앙고백서 24장은 결혼을 교회의 확장을 위해 만들어졌다고 기록한다. 하나님께서는 가정을 통해 우리가 그분의 통치를 받고, 하나님의 나라가 확장되는 역사를 기대하신다. 거룩한 자녀들이 이 땅에 퍼져 하나님을 경외하고 하나님을 섬기고 예배하는 일을 가정을 통해서 이루기 원하신다.

## 요약

결혼은 사람이 만든 제도가 아닙니다.
결혼은 하나님이 만드셨습니다. 그래서 결혼은 신성합니다. 하나님은 우리가 결혼을 통해 하나님 나라의 사명을 이루어가길 원하십니다. 따라서 결혼은 구원계획을 유효하게 완수하기 위한 하나님의 제도입니다.

## 질문

- 위 글을 읽고 느낀 점을 말해 봅시다.
- 하나님이 어떻게 결혼을 만드시게 되었는지 다시 정리해 봅시다.
- 신성한 결혼관계를 어떻게 지켜나가야 할지 각자의 다짐을 이야기해 봅시다.

# 12

# 사랑에도 노력이 필요해?

자녀들아 우리가 말과 혀로만 사랑하지 말고 오직 행함과 진실함으로 하자 요일 3:18

### 함께 읽기

누구나 "사랑에 빠지는" 경험을 한다. 사랑에 빠진 사람들은 그 사랑이 영원할 것이라고 생각한다. 안타깝게도 "사랑에 빠지는" 감정은 영원히 지속되지 않는다. 이는 이미 결혼한 많은 사람들이 고백하는 말이기도 하다. 학자들은 통계적으로 판단할 때 사랑에 사로잡히는 기간을 평균 2년으로 보고 있다. 이 사랑의 감정이 사라지면 상대방의 단점이 보이기 시작한다. 그녀의 행동방식이 눈에 거슬리기 시작한다. 짜증이 나기도 한다. 심지어 그토록 사랑하던 사람을 향해 거친 말을 내뱉거나 비판도 서슴지 않는다.

그래서 어떤 사람은 사랑에 빠지는 감정 자체를 "사랑"이라고 부르는 것에 문제가 있다고 말한다. 어떤 학자는 사랑의 감정을 진정한 사랑이라고 부르지 않는다. 이유는 세 가지다. 첫째, 의지적으로 결단하거나 맨 정신으로 하는 선택이 아니기 때문이다. 둘째, 노력 없이 얻어지기 때문이다. 셋째, 이런 감정만으로는 상대방의 발전과 성장을 돕는 데까지 나아갈 수 없기 때문이다.

실제로 사랑의 감정이 식기 시작하면, 왜 그렇게 그녀를 위해서 또는 그를 위해서 용감했던가 회의에 빠질 때가 있다. 그러면 진짜 사랑이란 무엇일까? 진정한 사랑은 배우자의 성장과 유익을 위해 희생하는 모든 노력과 선택이다. 이런 선택을 하는 데는 사랑에 빠져 있는 행복이 필요하지 않다. 사실 진짜 사랑은 이런 감정이 사라지고, 냉정하게 이성적으로 상대를 보면서 시작된다. 사랑에 빠져서 하는 말과 행동은 신뢰하기 어려울 수 있다. 결혼 전에 했던 약속들이 결혼 후 물거품이 되는 것도 그러한 경우다.

사랑은 한 순간에 완성되지 않는다. 상대를 이해하려는 노력과 계속되는 훈련이 필요하다. 상대의 부족과 결점에도 불구하고 의지적으로 포용하고 이해하고 감싸려는 노력이 필요하다. 때로는 당신과 함께 살기로 다짐했기 때문에, 당신의 개성과 관심과 문화를 나의 것을 받아들이겠다고 결심하는 것이다. (참고, 《5가지 사랑의 언어》)

## 요약

**진정한 사랑은 감정적인 상태만을 의미하지 않습니다.**

감정이 식어지면 상대방이 비로소 객관적으로 보이기 시작합니다. 진정한 사랑은 이때부터 시작됩니다. 사랑은 서로의 부족과 약함을 보면서도 이해하고 나의 문제로 받아들이고 함께 해결하려는 노력입니다. 이것은 자신에 대해서 끊임없이 이해시키고 상대를 이해하려는 노력입니다. 이 여정은 어려울 수 있지만, 조금만 노력하면 서로를 통해 헌신적인 사랑을 경험할 수 있고, 서로를 알게 하신 하나님께 무한한 감사를 드릴 수 있게 됩니다.

## 질문

- 위 글을 읽고 느낀 점을 말해 봅시다.
- 사랑이라는 느낌 자체가 진정한 사랑이 아닌 이유는 무엇일까요?
- 진정한 사랑이란 무엇일까요?

# 13

# 대화의 기술

주고 사는 것은 혀의 권세에 달렸나니 잠18:21

### 함께 읽기

 남자는 여자와 대화할 때 문제 해결에 초점을 둔다. 원인을 찾아내어 답을 내고 결론을 지으려고 하는 것이다. 그러나 여자는 전혀 다르다. 해결에 초점을 두지 않고, 대화 자체에 의미를 부여한다. 답이 나오지 않아도 해결의 과정 자체를 좋아한다. 여자는 문제 해결에는 별로 관심이 없다. 어떤 남자의 고백이다.

 "제 여자친구는 직장에서 있었던 일을 저에게 자세히 말합니다. 저는 그녀의 이야기를 듣고는 문제가 무엇인지 파악하고 어떻게 처신하고 대처를 해야 하는지 이야기를 해주었습니다. 상사와 관련된 문제는 직접 부딪혀서 해결해야 하고, 동료들과의 문제는 모여서 해결해야 한다는 식으로 조언했지요.

 그런데 며칠이 지나서 그녀는 또 똑같은 문제를 제게 이야기했습니다. 그래서 지난번에 내가 가르쳐주지 않았냐고, 그대로 해보았냐고 물었습니다. 그러자 그녀는 고개를 저으며 제가 조언해준 대로 하지 않았다고 했습니다. 저는 같은 충고를 다시 길고 구체적으로 해주었습니다. 이런 과정이 몇 번 반복된 후 어느 날, 그녀는 저의 충고에 대해서 부정적인 평가를 내렸습니다. 그렇게 해봐도 소용이 없다는 것이었습니다.

 저는 순간 화가 치밀어 올랐습니다. 내가 제시한 방법을 제대로 따르지도 않아 놓고서는 무시했기 때문입니다. 그 후로 저는 그녀가 다시 직장 문제에 대해 하소연하기 시작하면 더 이상 듣기 싫다며 밖으로 나가 버립니다. 계속 반복되는 여자친구의 고충을 들어주기도 지쳤고, 그러다 보니 대화 자체가 줄어들었습니다."

그녀는 해답을 원한 것이 아니다. 그냥 얼마나 힘들고 고단한지를 공감받기 원했을 뿐이다. 남자는 해답을 주지 않고 그저 그녀의 이야기에 귀 기울이며 함께 한숨 쉬고, 함께 욕하고, 함께 웃어주는 것으로도 그녀를 기쁘게 할 수 있었다. 그녀는 이런 공감을 원했던 것이다.

## 요약

남자는 여자를 아끼는 마음 때문에 빨리 해답을 주려고 합니다.
여자는 남자를 사랑하기 때문에 모든 것을 이야기하고 싶어 합니다. 서로의 마음은 같습니다. 바로 서로를 위하는 마음입니다. 그러나 서로의 차이를 이해하지 못한다면, 좋은 의도로 시작한 대화가 갈등으로 끝날 수 있습니다. 여자는 공감받기 원하고, 남자는 답을 내려고 한다는 차이를 기억하면 서로를 이해하는 데 도움이 될 것입니다.

## 질문

- 위 글을 읽고 느낀 점을 말해 봅시다.
- 남자와 여자의 대화법에는 어떤 차이가 있는지 말해 봅시다.
- 대화할 때 서로 조심해야 할 부분은 무엇인지 나눠보고, 자신의 진짜 필요에 대해 알려줍시다.

# 14

# 듣는 기술

내 사랑하는 형제들아 너희가 알거니와
사람마다 듣기는 속히 하고 말하기는 더디하며 성내기도 더디하라 약1:19

### 함께 읽기

 대화는 말하는 것과 듣는 것으로 이루어진다. 말하기는 쉽지만 듣는 것은 사실 쉽지 않다. 상대방의 이야기를 들으며 다른 곳을 쳐다보거나 손으로 옷이나 컵을 만지고 있다면, 말하는 사람은 상대방이 자신의 말에 집중하지 않고 있다고 생각할 수 있다. 혹은 상대방이 지루해한다고 생각할 수도 있다. 듣는 사람이 잘 들어야 말하는 사람이 편하게 마음속 이야기까지 할 수 있다. 대화에서 중요한 것은 말하기보다 듣기다. 어떻게 하면 잘 들을 수 있을까?

 1. 먼저 상대의 눈이나 얼굴에 시선을 고정시킨다. 이것은 말하는 사람을 내가 보고 집중하고 있다는 표현이다. 누구나 내 말을 잘 들어주기를 바란다. 그래서 잘 듣는 사람 앞에서는 계속 말하고 싶어진다. 잘 듣는 사람이 되기 위한 첫 준비는 상대를 보는 것이다.

 2. 상대방이 말을 할 때는 다른 행동을 하지 않는다. 함께 시간을 보내고 대화를 주고받는 것은 상대방에게 전적으로 관심과 생각을 집중하는 일이다. 만약에 텔레비전을 본다든지, 독서를 한다든지, 스마트폰이나 물건을 계속해서 만지고 있다면, 멈추고 들어야 한다. 혹시 급하게 꼭 처리해야 할 일이 있다면 "내가 지금 급해서 그런데 이것만 다 끝내고 얘기하자. 조금만 기다려줘"라고 말하고, 들을 준비를 할 시간을 요청하라.

 3. 말하는 내용보다 말하는 사람의 감정을 이해하라. 대개 말의 종류에는 단순한

정보를 전달하는 말이 있고, 감정을 전달하는 말이 있다. 일상적인 대화는 대부분 후자에 해당한다. 사람들은 오늘 있었던 놀라운 사건에 대해 다른 사람이 함께 놀라주기를 바라고, 직장에서 느낀 분노를 함께 느끼고 공감해주기를 바란다. 또 미래에 대한 걱정이 몰려올 때면 불안한 마음을 한숨과 함께 털어놓기도 한다. 감정을 이해받기 원하는 사람에게 말의 내용을 분석하고 해답을 주려고 하면, 그는 상처를 받을 것이다.

4. 상대방의 말을 끝까지 인내하고 들으라. 끝까지 들어야 상대의 의도를 이해할 수 있다. 중간에서 끊어 버리면 기분이 상한다. 나쁜 감정으로 말하는 중이라면 더 신중하게 끝까지 듣자. 만약에 분노의 감정으로 말하고 있는데 중간에 끊고 나의 생각을 말해 버리면, 더 상황이 악화될 수 있다. 충분히 듣고 난 다음에 "내가 말해도 될까?"라고 항상 묻자. 그러면 상대방은 자신의 감정을 스스로 정리할 수 있는 여유를 가지게 된다. 부정적인 감정이 오고 가더라도 끝까지 듣고 이야기를 이어간다면, 대화를 좋게 마무리 지을 수 있다.

 요약

좋은 대화는 말을 잘 하기보다는 잘 듣는 것입니다.
사람들은 잘 들어주는 사람에게 말하고 싶어 합니다. 내 말이 인정받고 공감받을 때 편안함을 느끼기 때문입니다. 그런데 잘 듣기 위해서는 몇 가지 방법이 있습니다. 위에서 말한 네 가지 방법만 잘 익히면, 항상 함께 하고 싶은 사람이 될 수 있습니다.

## 질문

- 위 글을 읽고 느낀 점을 말해 봅시다.
- 잘 듣는 방법 네 가지를 다시 서로 말해 봅시다.
- 내가 잘 듣는 사람이 되기 위해 개선해야 할 점이 있다면 이야기해 봅시다.

# 15

# 사랑의 언어

선한 말은 꿀송이 같아서 마음에 달고 뼈에 양약이 되느니라 잠16:24

### 함께 읽기

《5가지 사랑의 언어》라는 책에 따르면, 사람마다 사랑의 언어가 다르다고 한다. 어떤 사람은 말로 표현해주어야 사랑받고 있다고 느끼고, 어떤 사람은 선물을 받을 때 사랑받는다고 느낀다. 이것을 5가지로 정리하면 다음과 같다.

1. 인정하는 말: "도와줘서 고마워요." "오늘 입은 옷 너무 멋있어요." "오늘 참 예쁘군요." "당신이 세상에서 최고야." 이런 말을 들을 때 진정으로 사랑받고 있다고 느낀다면 당신의 사랑의 언어는 인정하는 말이다.

2. 함께하는 시간: 이것은 상대방에게 관심을 가지고 둘만의 시간을 함께 보내는 것이다. 의미 없이 앉아서 텔레비전을 보는 것이 아니라, 밖에서 밥을 먹더라도 상대방에게 집중하고 마주보는 것을 말한다. 커피를 마시더라도 서로 창밖을 쳐다보고 있는 것이 아니라, 상대방을 응시하고 서로에게 집중하는 것이다.

3. 선물: 선물은 준비한 사람의 마음과 정성을 생각하게 만든다. 외국 여행 중에 사귄 친구가 헤어지면서 볼펜이나 컵을 선물로 주었다면, 그것을 볼 때마다 그 사람을 생각할 수 있다. 선물을 중요하게 생각하는 사람에게 금액은 별로 중요하지 않다. 짧게라도 사랑한다는 글과 함께 하트를 그린 메모지를 아내의 책상이나 냉장고에 사랑과 함께 붙여 둔다면, "사랑해"라는 말보다 훨씬 더 큰 사랑의 표현이 될 수 있다.

4. 봉사: 봉사는 상대방을 위해 무엇인가를 행동으로 하는 것을 말한다. 집에서

아내를 대신해 요리와 청소를 하거나 화장실 청소를 하는 것, 아기 기저귀를 갈아 주고 이불을 정리하고 먼지를 털어주는 것, 이것이 봉사다. 예수님은 제자들의 발을 직접 씻겨 주셨다. 이것은 당시 하인들이나 하는 일이었다. 그러나 예수님은 직접 몸으로 보여주셨다. 이러한 봉사를 가장 중요한 사랑의 표현으로 생각하고 느끼는 사람도 있다.

 5. 육체적인 접촉: 어린아이의 면역력과 성장 발달을 촉진하는 중요한 방법은 스킨십이다. 아이들의 피부는 엄마 뱃속에 착상된 후 세포분열 시 뇌와 같은 조직에 속해 있었다. 그래서 피부를 자극하면 뇌가 자극을 받는다. 어른도 마찬가지다. 스킨십이 많이 하면 안정감을 느낀다. 이러한 스킨십에 민감한 사람에게는 "사랑해"라고 말하기보다 손을 잡고 걷거나 안아주거나 어루만져 주는 것이 가장 중요한 사랑의 언어가 될 수 있다.

 요 약

사람마다 사랑의 언어가 다르고, 표현하는 방식도 다릅니다.
그러므로 상대의 사랑의 언어를 확인하고 알아두는 것은 너무나 중요합니다. 인정하는 말을 원하는 상대에게 늘 스킨십으로 사랑을 표현한다면, 사랑하는 마음이 충분히 전달되지 않을 수 있습니다. 상대의 사랑의 언어가 무엇인지 잘 기억하고, 상대가 원하는 방식으로 사랑을 표현해 봅시다.

 질 문

- 위 글을 읽고 느낀 점을 말해 봅시다.
- 내가 원하는 사랑의 언어는 무엇인지 말해 봅시다.
- 언제 이런 사랑의 언어가 필요한지 서로 나누어 봅시다.

# 16

# 결혼, 무엇이 유익한가

사람이 혼자 사는 것이 좋지 아니하니
내가 그를 위하여 돕는 배필을 지으리라 창 2:18

### 함께 읽기

미국의 통계에 따르면, 1960년대는 미국에서 결혼하는 성인들의 비율이 약 70% 정도였다고 한다. 그러나 2008년에는 약 50%에 머물고 있다고 한다. 이런 지표는 결혼에 대한 부정적인 생각이 사람들 가운데 많이 퍼져 있음을 알려준다. 결혼은 마치 손목시계와 같아서, 없으면 아쉽고 손목에 걸치고 있으면 불편하지만 필요한 정도로 인식되고 있다.

대신 요즘 많은 청년들은 동거를 선택한다. 동거가 결혼보다 더 유익하다고 생각하기 때문이다. 그러나 수많은 통계가 동거보다 결혼이 훨씬 더 유익하다는 사실을 보여주고 있다.

먼저, 결혼은 경제적인 유익이 훨씬 크다. 사람들은 결혼을 하면 경제적으로 더 힘들어질 것이라고 예상한다. 그러나 실제로 그렇지 않다. 미국의 은퇴자들 조사에 따르면, 오랫동안 결혼생활을 유지하다 현직에서 물러난 사람들과 평생 결혼한 경험이 없거나 이혼 후 오랫동안 혼자 지낸 사람들의 재정 상황을 비교했을 때 결혼한 사람들이 약 75% 정도 재정상태가 더 좋다고 한다.

특히 결혼한 남자의 경우, 비슷한 교육수준과 건강상태 가진 미혼 남자들보다 더 많은 수입을 올리고 있다고 한다. 왜 이런 결과가 나올까? 그것은 육체와 정신적으로 훨씬 더 건강한 생활을 하고 있기 때문이다.

부부가 되면, 상대방에 대해서 책임의식을 가지고 자신의 내면과 생각을 훈련할 기회를 더 많이 갖게 된다. 예를 들어, 혼자 사는 사람은 수입에 비해 무절제한 소비생활을 할 때 옆에서 브레이크를 걸어줄 사람이 없다. 자녀와 배우자가 있다면 책임감 때문에라도 수입을 저축하거나 미래를 준비하는 데 쓸 가능성이 높다.

결혼의 또 다른 유익은 자녀를 키우기 위한 최고의 환경을 만들 수 있다는 점이다. 아빠와 엄마가 있는 가정보다 더 좋은 환경을 싱글이 만들기란 쉽지 않다.

이처럼 결혼이 주는 유익은 생각보다 많다. 세속적인 문화는 싱글을 아름답다고 미화하거나 이혼 혹은 불륜을 포장하는 경향이 있다. 그러나 이는 잘못된 메시지이다. 결혼은 서로의 건강뿐만 아니라 경제적인 효과, 정서적인 안정에도 좋은 영향을 준다. (참고, 《결혼을 말하다》)

### 요약

결혼을 하기보다 혼자 살거나 동거를 선택하는 청년들이 늘어나고 있습니다. 그러나 많은 통계 자료가 보여주듯이 동거의 유익은 실제로 크지 않습니다. 결혼은 서로에게 육체적, 정서적, 경제적인 유익을 줄 뿐만 아니라 건강한 인생을 살 수 있도록 도와주는 최고의 제도입니다. 매스컴과 대중문화가 잘못 전달하는 결혼의 부정적인 모습에 속지 말고, 결혼의 유익함을 기억하고 기대하며 아름다운 결혼생활을 가꾸어 나가길 바랍니다.

### 질문

- 위 글을 읽고 느낀 점을 말해 봅시다.
- 결혼에 대해 부정적인 생각을 가지고 있었다면 무엇인가요?
- 결혼의 유익을 나누어 봅시다.

남 편 들 아   아 내   사 랑 하 기 를
그리스도께서 교회를 사랑하시고 그 교회를 위하여 자신을 주심 같이 하라

에베소서 5장 25절

# 17

# 결혼, 이 비밀이 크도다

이 비밀이 크도다 엡 5:32

함께 읽기

바울은 에베소서에서 결혼을 "큰 비밀"(엡 5:32)이라고 표현한다. 여기서 비밀은 친한 사람끼리 은밀하게 주고받는 정보가 아니다. 이것은 성경에서 참된 진리를 표현할 때 가끔 사용되는 단어이다.

이 비밀은 결혼에 관해 말하는 32절 앞부분인 25절에서 언급하고 있는 그리스도와 교회의 관계와 연결되는 말씀이다. 예수님께서 죄인이었던 자들을 위해 고난 받으시고 구속하셔서 그들과 연합하셨다. 인간의 허물과 죄악에도 불구하고 측량할 수 없는 사랑으로 고난 받고 희생하셨다. 그렇게 그리스도는 교회의 머리가 되셨고, 우리는 그분의 지체가 되었다. 죄인인 인간과 거룩한 주님이 한 몸으로 연합되었다. 이것은 신비한 연합이다. 물과 기름처럼 섞일 수 없는 사이였지만, 구원을 적용시키는 성령 하나님의 일하심으로 연합이 되었다. 이러한 그리스도와 교회의 관계를 이해할 때, 결혼에서 오는 남자와 여자의 연합을 이해할 수 있다.

결혼은 완전한 남자와 완전한 여자가 만나서 연합하는 것이 아니다. 이것은 잘못된 전제이다. 서로 허물과 부족함은 너무나 크다. 그럼에도 불구하고 희생과 헌신의 사랑으로 연합을 이루는 것이다. 이 과정은 매우 고통스럽기도 하고 힘들지만, 허물에도 불구하고 용납하고 받아들일 때 오는 기쁨과 하나됨은 참으로 놀랍다.

복음도 그렇다. 우리는 아직도 말하는 것에나 생각하는 것에 부족함이 있다. 그렇지만 예수 그리스도의 사랑으로 신비한 연합을 이루고 있다. 결혼은 약하고 수많은 흠을 가지고 있는 우리가 그럼에도 불구하고 이해와 용납으로 변화를 이루어가는 과정이다.

  일반적으로 결혼을 전제하는 사랑은 피상적이다. 이는 감각에 충실한 사랑이며, 매우 감상적인 태도를 가진다. 이런 감상은 허물과 부족함을 인식하지 않는다. 진정한 사랑은 허물과 부족함을 깨닫고 상대를 위해 변화되기를 각오하는 것이다. 사랑 앞에 나의 자존심을 꺾고 희생을 각오하는 것이다. 이것을 가능하도록 만드는 것은 주님의 사랑이다. 이 사랑 때문에 서로의 부족을 충분히 감당할 수 있게 되며, 상대방을 위해 모든 인간적인 욕심과 자존심까지 내려놓게 되는 것이다. 그래서 결혼은 복음의 신비를 반영하고 있다. 결혼을 복음의 비유로 설명하며 이 비밀이 크다고 말씀하신 이유가 바로 여기에 있다.

 요약

결혼은 허물 많은 두 사람이 만나 삶을 공유하는 것입니다.
이 과정은 쉽지 않지만, 인내와 사랑으로 서로의 허물을 덮고 용납할 때 상대를 위해 변화되고 희생할 수 있습니다. 이것은 그리스도께서 교회를 위해 자신을 내어주신 과정과 같습니다. 우리가 예수 그리스도의 사랑 안에 있을 때, 더욱 온전한 자기희생과 변화와 용납으로 온전한 사랑을 경험할 수 있습니다.

 질문

- 위 글을 읽고 느낀 점을 말해 봅시다.
- 에베소서에서는 결혼에 있어 남자와 여자의 관계를 무엇에 비유합니까?
- 서로의 허물과 부족함을 용납할 수 있는 근원적인 힘은 어디에서 옵니까?

# 18

# 언약으로 회복되는 사랑

그런즉 이제 둘이 아니요 한 몸이니
그러므로 하나님이 짝지어 주신 것을 사람이 나누지 못할지니라  마 19:6

함께 읽기

사람의 감정은 불꽃과 같아서 사라지기도 하고 다시 피어오르기도 한다. 감정은 일관성이 없고 지속되기도 어렵다. 뜨거울 때도 있고 차가워질 때도 있는 것이다. 많은 사람들이 결혼을 망설이는 이유는 "이 사람을 계속 사랑할 수 있을까" 하는 불확실함 때문이다. 그러면 어떻게 사랑을 유지할 수 있을까?

사랑을 지속하는 유일한 방법은 그것이 '약속'이라는 사실을 기억하는 것이다. 약속은 무엇인가를 지속하게 만드는 힘이다. 약속을 하고 서로 그것을 지키고자 노력할 때 안정된 관계를 만들 수 있다. 비록 그 과정에 어려움이 있더라도 약속에는 관계를 다시 회복하게 하는 힘이 있다.

그래서 결혼을 약속의 공식적인 표현인 '언약'이라고 한다. 언약이 있어야 사랑을 지속할 수 있다. 결혼은 언약을 통해 서로를 책임지는 사랑이다. 결혼의 정체성은 이 약속에서 시작된다. 약속에는 의무감이 따른다. 이것을 로맨틱한 사랑과 반대되는 의무감이라고 생각할 수도 있다. 그러나 서로에 대한 의무와 헌신이 있을 때 비로소 안정된 사랑을 만들어갈 수 있다. 현대 사상가들은 열정과 의무가 서로 공존할 수 없다고 말하기도 한다. 그러나 성경은 다르게 말한다. 사랑이 온전해지려면 의무감이 있어야 한다. 의무감이 감정을 위축시키거나 사라지게 만들지 않는다. 우리는 사랑하는 사람에게 "당신만을 영원히 사랑할게"라고 약속한다. 사랑을 하면 상대에게 헌신하고 의무를 다하고자 하는 자발적인 마음이 생긴다. 그리고 어떤 문제가 나타나도 이 사랑을 지키고 싶어 한다. 사랑과 의무는 상반된 개념이 아니라 사랑이 의무감을 불러내고 또 의무감이 사랑이 지켜주는, 서로를 지탱해주는 개념이다.

 성경은 사랑의 감정을 명령하지 않는다. 에베소서 5:28을 보면 남편도 아내를 자기 몸과 같이 사랑해야 한다고 언급하면서 헌신적인 행동을 강조하고 있다. 살다 보면 의무감에서 나온 행동이 감동과 사랑을 불러일으킬 때가 많다. 결혼도 마찬가지다. 상대를 위해 나의 기호나 개성을 잠시 잊고 수고할 때 상대는 깊은 감동을 받으며, 그 헌신에 대한 보답으로 다시금 사랑을 흘려보낸다. 서로의 결점과 연약함을 보면서도 약속에 근거해 의무를 다할 때, 신혼 때는 결코 알 수 없었던 깊은 사랑을 만들어갈 수 있다.

## 요약

사람들은 결혼을 생각할 때 사랑의 감정이 사라지는 순간이 올까 봐 두려워합니다. 인간의 감정은 일관성이 없기 때문에 처음과 같이 불타오르는 감정은 사그라지기 마련입니다. 이 사랑을 지속시키고 더 깊은 사랑으로 이끄는 것이 바로 약속입니다. 서로의 약점에도 불구하고 서로에 대한 사랑의 의무를 다할 때, 더 깊은 이해와 사랑이 만들어집니다.

## 질문

- 위 글을 읽고 느낀 점을 말해 봅시다.
- 약속을 지켰을 때 긍정적인 결과가 나타나는 것을 경험한 적이 있나요?
- 상대를 위해 평생 동안 하겠다고 다짐할 수 있는 약속은 무엇인가요?

# 19

# 여자는 돕는 배필?

내가 그를 위하여 돕는 배필을 지으리라 창 2:18

함께 읽기

하나님은 남자를 만들고 나서 여자를 만드셨다. 남자의 갈비뼈를 취하신 후 여자를 만드셨다. 성경은 여자의 정체성을 "남자를 돕는 자"(창 2:18)라고 표현한다. 여자는 순서상 남자보다 뒤에 만들어졌고, 역할도 돕는 자라는 뜻이다. 그래서 어떤 사람들은 여자를 보조적인 존재에 불과하다고 생각한다. 특히나 가부장적인 의식을 가진 사람들은 여자의 '돕는 역할'을 매우 사소하고 작은 일을 처리해 준다는 의미로 해석하기도 한다. 그러나 이것은 심각한 오해이다. "돕는"이라는 말은 히브리어로 "에제르"이다. 에제르는 옆에서 서빙하는 수준을 말하지 않는다. 이 단어는 일반적으로 전쟁 중에 쓰였다. 어떤 나라가 강력한 나라와 전쟁을 하다가 계속 밀리고 있는 상황을 상상해 보라. 정말 패배한다면 그들은 모두 포로로 끌려갈지도 모른다. 이때 어디선가 강력한 연합군이 와서 전세를 역전시킨다. 이렇게 결정적인 도움을 줄 때 사용하는 단어가 에제르이다. 이 도움은 회복을 가져다주는 단어이다. 그래서 성경에서 하나님에 대해 표현할 때도 에제르가 쓰였다. 여호와는 나의 "도움"이라고 표현도 마찬가지다.

여자가 남자를 돕는다는 것은 단순한 보조 역할을 한다는 뜻이 아니다. 남자가 도저히 풀 수 없는 문제를 만나 헤어날 길이 없을 때, 바로 그 결정적인 순간에 여자가 도움을 준다는 뜻이다. 이는 오랜 시간 함께한 부부들에게서 들을 수 있는 공통적인 고백이다. 남자가 나이가 들어 힘이 없거나 병이 들었을 때 여자의 역할은 결정적이다. 남자가 사업에 크게 성공한 후 자만해져 스스로 무너질 위기가 보일 때, 가장 가까이서 균형 잡힌 삶의 태도를 가지라며 태클을 걸어줄 수 있는 사람도 바로 그의 아내이다.

뿐만 아니라, 남자는 여자 위에 군림하려고 해서는 안 된다. 남자가 여자의 머리라는 말을 오해해서 군림하고 지배하려고 하는데, 이것은 잘못된 성경 이해이다. 남자가 여자의 머리라고 하며 권위를 말할 때, 이것은 어떻게 표현되어야 하는가? 성경에서 권위를 어떻게 표현했는지를 보면 알 수 있다. 예수님은 무한한 권위와 권세를 가진 분이셨다. 그분은 온 우주의 통치자였다. 그러나 예수님은 이 권위를 어떻게 보여주셨는가? 예수님은 이 권위를 섬김을 통해 나타내셨다. 제자들의 발을 씻겨주시면서 몸소 그들을 섬기셨다.

남자가 아내의 머리되고 권위자가 된다는 것은 섬김을 말하는 것이다. 아내를 지배하고 다스리는 권세를 말하는 것이 아니다. 예수님이 가장 낮은 자리에서 부족한 제자들을 섬기셨던 것처럼, 남자도 아내를 그렇게 섬기라는 뜻이다. 그렇게 예수님의 본을 따라 먼저 섬기기 시작하면 여자도 그 본을 따라 남자를 섬기게 될 것이다.

남자는 스스로 완전해질 수 없습니다.
도움 없이 독자적으로 무엇이든 할 수 있는 존재가 아닙니다. 남자에게 반드시 필요한 존재가 바로 여자입니다. 내가 할 수 없는 일을 도와주는 소중한 존재가 바로 여자임을 기억하며, 여자를 귀하게 여기고 존중하는 마음을 가져야 합니다.

- 위 글을 읽고 느낀 점을 말해 봅시다.
- 여자를 남자의 돕는 배필이라고 할 때, "돕는"의 의미는 무엇인가요?
- 그동안 여자의 역할에 대한 오해가 있었다면 무엇인가요?

# 20

# 감정의 그릇

무릇 지킬 만한 것보다 더욱 네 마음을 지키라
생명의 근원이 이에서 남이니라 잠 4:23

함께 읽기

사람이라면 누구나 마음에 항상 채워지기 바라는 그릇이 있다. 이 그릇을 감정의 그릇이라고 한다. 감정의 그릇은 사랑과 존중으로 채워져야 한다. 이 그릇이 사랑과 존중으로 채워져 있을 때, 다른 사람의 공격과 험한 말을 견딜 수 있는 힘이 생긴다. 때로 낙담과 좌절을 이기고 다시 일어설 수 있는 힘을 공급을 받기도 한다.

그러나 이 감정의 그릇을 나 혼자 채우기는 힘들다. 나와 가까운 사람, 나를 잘 아는 사람에게서 채움 받을 수 있다. 그들에게 격려의 말을 듣고 사랑과 관심을 받을 때, 내 감정의 그릇은 서서히 채워지기 시작한다. 그릇이 어느 정도 채워지면 다시 다른 사람에게 베풀고 나누기도 하면서 외부의 충격과 두려움을 이길 수 있다.

그렇다면 이 그릇이 고갈될 때는 어떤 현상이 나타날까. 우리는 비정상적인 반응을 보이기 쉬워진다. 너무 신경질적이 되거나, 갑자기 화를 내거나, 짜증을 내게 되는 것이다. 이런 반응이 나타난다면 나 혹은 상대방의 감정의 그릇이 비어 있구나 하고 생각하면 된다. 상대방을 미워하거나 싫어해서가 아니라 단지 마음의 그릇에 상대방을 생각할 감정적인 에너지가 남아 있지 않기 때문인 것이다. 혹시 상대방에게 비난을 받았다면 실제로 내가 나빠서라기보다는, 상대방의 마음의 그릇에 사랑과 존중이라는 내용물이 말라 버린 상태라고 생각하면 된다.

직장에서 심하게 모욕을 받고 퇴직에 대한 압박을 느낀 채 집으로 돌아오면, 더 이상 가족에게 웃어줄 힘이 없다. 모든 에너지를 직장에서 다 써버리고 왔기 때문이다. 이때 배우자는 상대방의 마음 그릇이 비었음을 알아채고, 다시 회복할 수 있는 기회를 주어야 한다. 혼자 쉴 수 있는 시간을 줄 수도 있고, 상대가 받아들일 수 있는 사랑의 언어로 사랑을 표현해줄 수도 있다. 가벼운 포옹과 키스, 차를 마시며 대화하는 시간, 간단한 선물, 대신 집안일을 해주는 봉사 등으로 상대방의 상한 감정이 회복될 수 있도록 도울 수 있다. 이렇게 마음 그릇이 다시 사랑과 존중으로 차오르면, 다시금 기운을 얻고 상대방에게 기쁘고 즐거운 태도를 보일 수 있게 된다.

상대방이 짜증을 내거나 예상치 못한 부정적인 반응을 보일 때 기억하라. 배우자는 웃을 에너지도 없을 만큼 마음 그릇이 비어 있는 상태라는 것을. 그리고 당신에게 그 그릇을 채워달라고 간절히 부탁하고 있다는 것을.

사람의 마음에는 감정의 그릇이 있습니다.
이 그릇은 사랑받고 존중받을 때 채워지고, 상처 받고 고통 받을 때 소모됩니다. 직장에서 힘든 일을 겪고 집으로 돌아왔다면, 혹은 가까운 사람과 갈등을 겪고 있다면, 그 사람의 마음 그릇은 비어 있을 가능성이 높습니다. 이 그릇을 다시 채우기 위해서는 다른 사람의 도움이 필요합니다. 따뜻한 관심, 진심어린 말, 사랑이 담긴 터치를 통해 상대의 그릇을 긍정적이고 따뜻한 에너지로 채워줍시다.

- 위 글을 읽고 느낀 점을 말해 봅시다.
- 감정의 그릇이 비었을 때 나는 주로 어떤 태도를 보이나요?
- 상대방의 감정 그릇이 비었다는 사실을 알아챘다면 앞으로 어떻게 해주고 싶나요?

# 21

# 설거지 갈등

그리스도를 경외함으로 피차 복종하라 엡 5:21

함께 읽기

　남자와 여자는 자라면서 봐왔던 부모의 모습을 통해 사랑의 표현 방식을 배운다. 남자는 이런 가정에서 자랐다. 저녁식사를 하고 나면 어머니 혼자서 그릇을 치우고 설거지를 하셨다. 몸이 약한 아버지는 직장에서도 몸을 쓰는 일을 하시기 때문에 집에 오자마자 녹초가 되어 버렸다. 어머니는 아버지의 이런 수고를 잘 알기에 집에 오면 쉴 수 있도록 배려하셨다. 그래서 저녁을 차리고 설거지 하는 일을 전혀 부탁하지 않았다. 아버지는 저녁을 드시고는 바로 곯아떨어지곤 하셨다. 어머니는 이런 아버지를 불쌍히 여겨 자녀들에게도 집에서 쉬는 아버지를 성가시게 하지 말라고 이야기했다. 그런 부모님을 보고 자란 이 남자는 결혼을 앞두고 결혼생활을 상상할 때 자신이 저녁 준비나 집안일은 하지 않는 것을 당연하게 생각한다.

　여자는 이런 가정에서 자랐다. 어릴 때 어머니가 중풍으로 쓰러지셔서 집안일을 하실 수가 없었다. 그래서 아버지가 항상 저녁도 차려주시고 자녀들도 씻겨주셨으며 집안 청소를 익숙하게 하셨다. 어머니는 이런 아버지에게 항상 고마워하셨고 딸에게도 이렇게 말씀하시곤 했다. "너희 아빠가 하는 걸 보면 얼마나 나를 사랑하는지 알 수 있어. 집안일을 다 해주고, 너희들까지 돌보지 않니?" 결혼을 앞둔 이 여자는 남자도 충분히 집안일을 할 수 있다고 생각한다.

　이 두 사람이 결혼하면 어떤 일이 벌어질까. 가사 일을 분담하는 부분에서 반드시 갈등이 생길 것이다. 남편은 아내가 집안일을 요구할 때 모욕감을 느끼고, 아내는 집안일을 도와주지 않는 남편이 자신을 사랑하지 않는다고 생각한다.

그렇다면 이 문제를 어떻게 해결해야 할까? 우선 각자가 속해 있던 가정 문화를 충분히 나누어 상대방과의 입장 차이를 인정해야 한다. 그리고 어떤 가정 문화를 만들어가기 원하는지 충분히 대화를 나누어 합의점을 찾아나가야 한다. 일방적으로 자신이 원하는 기준을 강요하지 말고 차근차근 서로 받아들이고 실천할 수 있는 선부터 시작해보자. 남자는 익숙하지 않은 가사 일을 조금씩 하는 연습을 하고, 여자는 남자의 서투름을 이해하고 기다려주어야 한다.

대부분의 결혼생활에서 나타나는 갈등은 성장 과정에서 경험한 가정 문화와 깊은 관련이 있다. 이 문제에는 명확한 답이 없다. 서로의 차이를 충분히 이해한 후, 한걸음씩 접점을 찾아가기 위한 대화가 필요하다.

요약

결혼 후 가사 일과 육아를 하면서 부부간에 갈등이 깊어지는데, 이는 대부분 어린 시절에 형성된 남성상과 여성상에서 비롯됩니다.
각자 마음에 그리고 있는 이상적인 배우자상을 상대방에게 명확하게 표현하고 그 간극을 반드시 인식해야 합니다. 서로의 다름을 이해하고 상대에 대한 기대치를 대화를 통해 맞춰 가야 합니다. 결국 이런 문제는 적극적이고 진솔한 의사소통을 통해 해결될 수 있습니다.

질문

- 위 글을 읽고 느낀 점을 말해 봅시다.
- 가사 분담에 대해 평소 어떤 생각을 가지고 있었나요?
- 서로에게 원하는 바를 이야기해 보고, 차이점이 있다면 조율해 봅시다.

## 22

# 어떻게 돈을 쓸 것인가

우리가 세상에 아무것도 가지고 온 것이 없으매 또한 아무것도 가지고 가지 못하리니
우리가 먹을 것과 입을 것이 있은즉 족한 줄로 알 것이니라 딤6:7

함께 읽기

결혼 준비에서 한 번은 거치게 되는 골짜기가 있다. 바로 재정 관리이다. 결혼 자금은 정해져 있는데, 써야 할 곳은 너무 많다. 이 문제로 서로 갈등을 빚는 경우가 많다. 남자가 꼭 지출해야 하는 곳과 여자가 꼭 지출해야 하는 곳이 다르다. 그래서 재정의 수입과 지출은 반드시 결혼 전에 미리 협의를 해야 한다. 재정 관리 문제는 앞으로 살아가면서도 끊임없이 대화를 하고 풀어가야 하는 문제이다.

이것을 원만하게 이끌어가기 위해서는 서로에게 투명해야 한다. 각자의 수입을 따로 관리하는 것이 아니라 함께 관리해야 한다. 수입과 저축에 대한 규모가 어느 정도 파악되고 나면, 지출 항목을 기록해야 한다. 남녀가 함께 의견을 모아 함께 결정해야 한다. 남자가 꼭 해야 하는 것과 여자가 꼭 해야 하는 항목은 없다. 이것을 분담하여 책임을 넘기기 시작하면 끊임없는 갈등이 생기기 마련이고 결혼 후에도 갈등의 불씨를 남기게 된다.

먼저, 수입을 하나로 모으고 나서 지출 항목을 함께 생각해 보아야 한다. 대체로 결혼 준비에 필요한 지출 항목은 전세금, 혼수(가전, 가구, 침구, 주방용품, 한복, 예물, 예단), 예식비, 음식비, 신혼여행비, 건강 관리비, 자동차 구입비 등이 있다. 각각의 항목을 구체적으로 써보고, 수입에 맞게 지출 규모를 정해야 한다. 여기서 주의할 점은 다른 사람의 지출 규모와 비교해서는 안 된다는 것이다. 지출의 기준은 다른 사람이 아니라, 결혼 당사자의 수입이 기준이다. 다른 사람들보다 조금 적은 규모로 시작한다고 해서 위축될 필요는 없다. 성경은 이 세대를 본받지 말라고 말씀하고 있다. 주변 사람들의 시선을 의식하여 남들의 수준에 맞춰 지출을 정하면 어려움을 겪게 된다. 삶의 기준을 다른 사람에게 두기 시작하면 가정의 재정이 위기를 맞는 건 시간문제다. 처음부터 크고 화려하게 시작했다가 10년 뒤 결혼 빚에 발목이 묶여 재정이 어려워지는 경우도 많다.

그러므로 지출은 준비된 금액에 맞춰 시작해야 한다. 결혼에 필요한 지출 항목을 정하고 나면 우선순위를 정해 보자. 서로 차이가 나는 부분에 대해서는 이유를 충분히 설명하면서 합의점을 찾아가야 한다. 이 과정은 쉽지 않지만, 앞으로 평생 재정에 대해서 서로 조율해나가야 할 것이므로 서로 한발 물러서는 마음만 있다면 유익한 대화가 될 것이다.

### 요약

결혼 준비 시 갈등을 많이 겪는 부분이 바로 재정입니다.
한 번도 함께 큰 금액을 지출해 본 경험이 없고, 각자의 소비 성향이 다르기 때문입니다. 그러나 충분한 대화를 통해 잘 준비할 수 있다면, 얼마든지 아름답게 지출을 결정할 수 있습니다. 이를 위해서는 서로의 우선순위를 정하고 각각에 필요한 적정 금액에 대해 충분한 대화가 필요합니다. 서로 한걸음씩 뒤로 물러선다는 마음으로 시작하면 얼마든지 즐거운 마음으로 합의에 이를 수 있을 것입니다.

### 질문

- 위 글을 읽고 느낀 점은 무엇인가요?
- 결혼 준비 시 각자가 생각했던 지출의 우선순위 3가지를 말해 봅시다.
- 대화를 통해 합의한 우선순위는 무엇인가요?

# 23

# 웨딩드레스 투어

내 두 뺨은 땋은 머리털로, 내 목은 구슬 꿰미로 아름답구나 아1:10

## 함께 읽기

결혼 준비를 할 때 여자가 가장 기대하고 좋아하는 순서는 무엇일까? 아마도 웨딩드레스 투어라고 할 수 있다. 남자는 이 점을 잘 기억해 두어야 한다. 여자는 옷을 고를 때 시간이 많이 걸린다. 특히 웨딩드레스는 평소에 입지 않는 옷이기 때문에 더욱 신중하게 고른다. 여자는 웨딩드레스를 입고 부케를 들고 무대 위에 서 있을 때, 지금까지 느끼지 못한 부끄러움과 기쁨을 느낀다. 만약 드레스까지 잘 어울리고 예뻐 보인다면 더욱 흥분 상태가 된다. 그렇기 때문에 드레스를 고를 때 천천히 살펴보면서 어떤 드레스가 더 어울리는지 고민하게 된다.

이때, 남자는 왜 저렇게 시간이 많이 걸리는지 짜증이 나고 힘들 수 있다. 그러나 이날만큼은 조급함을 안드로메다로 날려 버리고 오직 신부에게 집중해야 한다. 신부는 지금 매우 들떠 있는 상태이기 때문이다. 남자가 만약 드레스를 입은 여자의 모습에 감탄과 놀라움의 태도를 보이지 않고 심드렁하게 반응한다면, 여자에게 평생의 상처가 되어 싸움을 할 때마다 단골 메뉴로 등장할 수 있으니 조심해야 한다.

기왕 시간을 내서 왔다면 마음을 다해서 칭찬하고 깊은 관심을 나타내야 한다. 신부는 이 순간만큼은 이 세상에서 가장 아름다운 여자로 남자 앞에 서 있고 싶기 때문이다. 신부는 드레스를 입고 처음으로 커튼이 열리는 순간, 신랑과 눈을 마주치면서 반응을 유도하는 질문을 쏟아낸다. "어때 보여? 괜찮아? 예뻐?"

신부는 가족이 예쁘다고 말하는 것보다, 신랑이 예쁘다고 말하는 것을 훨씬 더 좋아한다. 흥분된 마음을 알아주고, 함께 기뻐하고 감탄해주기를 간절히 바라고 있는 것이다. 그때 신랑이 눈치 없이 시니컬하게 말하면 신부의 마음은 한없이 바닥으로 추락하게 된다. 기왕에 시간을 들여서 드레스를 보러 왔다면 최선을 대해서 반응하자. "지금 입은 드레스가 조금 전 것보다 훨씬 예쁘다", "더 날씬해 보인다" 등 긍정적인 말로 표현을 하자. 쓸데없는 농담은 금물이다. "팔뚝이 두꺼워 보인다", "살쪄 보인다" 이런 말은 머릿속에서 지워 버리자.

요약

결혼을 준비하는 과정은 쉽지 않습니다.
의견 조율을 해야 하고, 그 과정에서 갈등이 생길 수도 있습니다. 하지만 항상 힘든 것만은 아닙니다. 준비하는 과정에서 오는 즐거움도 큽니다. 여자에게 가장 큰 즐거움과 기쁨은 웨딩드레스를 입어 보는 순간입니다. 남자는 이 사실을 명심하고, 아름다운 그녀에게 마음껏 찬사를 보냅시다. 결혼을 준비하면서 느낀 갈등과 힘든 시간을 한순간에 사라지게 할 수도 있습니다.

질문

- 위 글을 읽고 느낀 점은 무엇인가요?
- 남자에게 듣고 싶은 가장 좋은 표현이나 찬사의 언어는 무엇인가요?
- 드레스를 입을 때 머리 스타일이나 예식장 배경, 부케 종류는 어떤 것이 좋을지 미리 상의해 봅시다.

# 24

# 서로 달라야 행복하다

너희가 다 마음을 같이 하여 체휼하며 형제를 사랑하며 불쌍히 여기며 겸손하며 벧3:8

### 함께 읽기

남자와 여자는 달라도 너무 다르다. 좋아하는 음식도 다르다. 뉴스를 보아도 생각하는 것이 다르다. 취미생활도 다르다. 말하는 방식과 태도도 다르다. 처음 사람을 만나서 이야기하는 방식도 다르다. 어떤 페미니즘 사상가는 여성과 남성의 차이를 무시하고 동등성을 강조한 나머지, 여성 특유의 가치를 인정하지 않기도 한다. 남자와 여자의 다름과 차이를 부정하면 남자와 여자의 고유한 특성과 개성과 가치를 잃어버릴 수 있다. 남자와 여자의 차이는 관계의 위기가 아니라 일치와 화합을 위한 전제이다.

남자는 사회학적으로 볼 때 주로 사람들과의 분리, 구별을 통해서 자신을 성장시키고 개발시킨다. 여자는 주변 환경과 자신을 묶으면서 성장한다. 남자는 주로 자신을 독립적인 존재로 생각하면서 일을 추진하지만, 여자는 의존적인 특성으로 인해 품고 자라게 하는 데 관심을 둔다. 그래서 남자는 자칫하면 지나치게 독립성을 강조한 나머지, 자기 능력과 권위를 추구하며 개인주의에 빠지기도 한다. 반면 여자는 의존적인 특성 때문에 지나친 애착관계에 빠지기도 한다.

이렇게 남녀는 사회적, 심리적, 물리적으로 다양한 차이가 있지만, 서로를 자신과 비교하여 더 열등하다고 단정 지어서는 안 된다. 서로 다른 것은 지극히 정상적이다. 달라야 건강하다. 서로 다르기 때문에 남자와 여자는 성숙할 수 있는 기회를 얻는다. 남자와 여자는 너무나 다르지만, 서로가 없으면 온전해질 수 없다. 결혼 관계에서 오는 갈등은 개성과 성격 때문이라기보다는 남자와 여자의 특성을 서로 이해하지 못한 데서 비롯되는 경우가 많다.

성경적인 결혼은 철저하게 이것을 인정하는 데서 시작한다. 하나님은 남자와 여자를 다른 존재로 지으셨다. 그러나 한 몸이 될 것을 말씀하신다. 전혀 다른 존재가 하나될 수 있는 근거는 하나님께서 죄인을 받으셨기 때문이다. 하나님은 죄인을 사랑하셨기 때문에 죄인을 안으셨다. 그리스도의 십자가를 통해 죄인과 거룩한 연합을 이루셨다. 성령께서 죄인에게 임재하심으로 신비한 연합을 이루신 것이다.

죄인의 모든 허물을 덮는 사랑은 열등감이나 우월의식을 만들어 내지 않는다. 성경에서 말하는 결혼은 서로 철저하게 다르지만 그 안에서의 연합을 말하고 있다. 남녀는 서로 달라서 찌르기도 하고 부딪히기도 하지만, 이를 통해 서로의 사랑 안에서 성장하고 성숙해갈 수 있다.

남자와 여자는 달라야 합니다.
성격도 다르고 생김새도 다르고 식성도 달라야 합니다. 서로 다른 점들이 어떻게 조화를 이루느냐가 행복을 결정합니다. 우리는 다름 속의 일치와 연합을 이미 거룩한 하나님께서 죄인을 받으신 사실을 통해 충분히 경험했습니다. 이 진리가 결혼생활 안에서 더 분명하게 드러납니다.

- 위 글을 읽고 느낀 점은 무엇인가요?
- 남자와 여자로서 서로 가장 이해하기 어려운 부분은 무엇인가요?
- 이해하기 어려운 부분에 대해 상대방이 이해할 수 있도록 설명해 봅시다.

이 제   둘 이   아 니 요   한   몸 이 니
그러므로 하나님이 짝지어 주신 것을 사람이 나누지 못할지니라

마태복음 19장 6절

# 25

# 성적인 욕구는 왜 생기는가

하나님이 그들에게 복을 주시며 하나님이 그들에게 이르시되
생육하고 번성하여 땅에 충만하라 창 1:28

### 함께 읽기

성경에서 하나님은 남자와 여자뿐만 아니라 생명체를 가진 모든 존재에게 성을 주셨다. 성의 가장 기본적이며 중요한 기능은 새로운 생명을 만들고 번성하는 것이다. 이로써 하나님이 만든 세상이 더욱 풍성해진다. 창세기 1:28은 이렇게 말씀하고 있다. "하나님이 그들에게 복을 주시며 그들에게 이르시되 생육하고 번성하여 땅에 충만하라."

새로운 생명이 태어나 이 땅에 충만하고 이 땅을 누리는 것은 하나님의 창조 계획이다. 이 계획으로 인해 인간을 포함한 모든 피조물은 성적 연합을 이룬다. 그래서 성은 피조물들이 스스로의 필요에 따라 만든 것이 아니라, 하나님이 직접 계획하고 만드신 것이다. 모든 성의 기원은 하나님이다. 하나님께서 지은 것 중에 아름답지 않은 것은 없다. 성은 천박하거나 더러운 것이 아니다. 성은 너무나 아름답고 소중하다. 생명을 낳기 위한 욕구와 감정 또한 하나님이 친히 만들어 주셨다. 그래서 성에 대한 욕구나 성적인 감정은 그 자체로 악한 것이 아니라, 매우 선하고 자연스러운 창조의 일부분이다.

이 성을 인간이 사용할 때는 조건이 있다. 성적인 욕구가 선하다고 해서 아무 때나 언제든지 사용할 수 있는 것은 아니다. 욕정이 생길 때마다 즐길 수 있는 것도 아니다. 성적인 연합은 반드시 무엇을 통해서만 누릴 수 있다. 바로 결혼이다.

부부의 성은 아름답고 기쁘고 신비롭다. 이를 통해 깊은 연합을 느낄 수 있고, 서로에게 더 종속되고 싶은 감정도 생길 수 있다. 평소에는 서로를 구속하는 것이 싫지만, 성을 통해 서로에게 구속되고 싶은 감정이 생긴다. 우리는 결혼 안에서 이 성을 누리고 즐길 수 있다. 부부의 성관계를 통해 생기는 생명은 결혼 안에서 부부가 책임지고 양육한다. 결혼은 생명을 만들고 유지하고 보존할 수 있는 최고의 환경이다. 새 생명은 남자와 여자가 결혼으로 이룬 가정이라는 안전한 울타리에서 자랄 수 있다. 이는 아이가 건강하게 성장할 수 있는 최상의 조건이다. 하나님은 결혼으로 만들어진 가정을 통해서 생명을 보존케 하셨다.

 요 약

성은 하나님이 만드셨습니다.

하나님은 인간에게 생육하고 번성하라고 말씀하셨습니다. 생명체가 번성하고 땅에 총 만기를 위해서는 성이 있어야만 합니다. 성을 통해서만 창조의 명령이 실행될 수 있기 때문입니다. 하나님이 만드셨기에 성욕은 자연스러운 현상입니다. 이 생명을 가장 잘 보존하고 성장시킬 수 있는 곳은 바로 가정입니다. 이를 위해서 하나님이 성을 만들어주신 것입니다.

 질 문

- 위 글을 읽고 느낀 점은 무엇인가요?
- 성욕은 왜 더러운 느낌이 아니라 고결한 욕구인지 말해 볼까요?
- 성의 가장 중요한 목적은 무엇이며, 성의 결과를 가장 잘 책임질 수 있는 제도는 무엇인가요?

# 26

# 혼전 순결이 필요해?

나의 사랑하는 자야 너는 어여쁘고 화창하다
우리의 침상은 푸르고 우리 집은 백향목 들보, 잣나무 서까래로구나  아 1:16-17

## 함께 읽기

결혼하기 전까지 순결을 지켜야 한다는 말은 이미 교회에서도 구시대적인 말로 여겨지고 있다. 결혼하기 전에 미리 하룻밤을 지내봐야 그 사람을 알 수 있다고 말한다. 그러나 이것은 엄청난 오해이다. 혼전 순결을 지켜야 하는 이유는 무엇일까.

성경에는 하나님과 그 백성 사이에 언약을 새롭게 하는 장면이 자주 등장한다. 언약을 맺은 인간은 자주 실패한다. 약속을 믿기로 다짐하고 나서, 얼마 후에 개인적인 욕심과 믿음의 약함 때문에 넘어지고 하나님을 떠난다. 그때마다 하나님은 멀리 가버린 인간을 다시 불러 오시고 다시 언약을 맺으신다. 이때 하나님은 다시 확신의 말씀을 통해 하나님 안으로 부르신다. 때로는 제사를 통해 죄를 해결하고 하나님과 화목케 하는 은혜도 주신다. 하나님은 계속되는 언약을 통해서 하나님을 떠나간 인간을 다시 불러오고, 인간으로 하여금 하나님의 약속을 확신하고 구원의 역사 속에서 걸어가게 한다.

이처럼 결혼도 언약이다. 서로는 언약의 파트너. 언약 당사자는 결혼을 통해 평생 하나님을 중심으로 한 가정을 이루고 살겠다고 많은 증인들 앞에서 약속한다. 서로를 향한 뜨거운 마음으로 모든 것을 내어주겠다고 다짐한다. 그러나 시간이 흐를수록 이 언약은 흔들리고 위기를 맞게 된다.

이때 다시 언약을 새롭게 하고 서로를 향한 사랑을 고백하는 기회가 있다. 바로 성관계이다. 성관계는 사랑으로 맺은 언약을 새롭게 하고 처음의 다짐과 고백을 생각나게 한다. 성관계는 자기 자신을 상대방에게 완전히 내어주는 것이다. 부부는 성관계를 통해 서로가 서로의 소유가 되었다는 것을 다시 확인하고 고백한다. '나는 당신의 것입니다.' 성은 결혼 언약에서 서로를 묶어주는 중요한 역할을 한다.

그래서 혼전 성관계는 성적 욕구 해소나 잠깐의 즐거움을 위해 사용될 수 없다. 성관계는 서로에 대한 깊은 일치를 경험하게 하는 중요한 수단이다. 결혼 전에 한 몸이 되어 일치를 경험하는 것은 허무한 마음을 갖게 한다. 성관계는 깊은 일치와 연합으로 서로에 대한 책임을 갖게 하는 경험이지만, 혼전관계는 실제로 서로 책임질 필요가 없는 관계이기 때문이다. 감정과 현실의 괴리를 경험할 수밖에 없는 것이 혼전 성관계이다.

 요약

성관계는 서로가 한 몸이 되어 연합하고 서로를 사랑으로 구속하는 중요한 경험입니다. 그래서 결혼 언약의 관계가 흔들릴 때, 다시 약속을 굳건하게 만들고 서로를 향한 사랑의 구속을 확인시켜 주기도 합니다. 이처럼 결혼은 사랑의 고백과 연합을 성관계로 다시 갱신하고 회복합니다. 그러나 혼전 성관계는 서로 책임지지 않는 연합과 일치를 경험하게 만들고, 성경에서 금음을 금하고 있기 때문에 피해야 합니다.

 질문

- 위 글을 읽고 느낀 점은 무엇인가요?
- 부부의 성은 서로에게 어떤 역할을 하나요?
- 성생활의 목적이 무엇인지 다시 한 번 각자의 말로 정리해서 말해 봅시다.

# 27

# 행복의 비결, 청지기 의식

주께서 이르시되 지혜 있고 진실한 청지기가 되어
주인에게 그 집 종들을 맡아 때를 따라 양식을 나누어 줄 자가 누구냐 눅 12:42

## 함께 읽기

하나님은 천지를 창조하시고 피조물을 사람에게 맡기셨다. 창세기 1:28에서 하나님은 인간에게 모든 것을 다스리게 하자고 말씀하셨다. 다스릴 수 있는 권한을 인간에게 위임하신 것이다. 만물의 주인은 하나님이시고 인간은 관리를 맡은 자이다. 이를 다른 표현으로 청지기라고 한다. 맡은 자는 주인이 아니다. 중요한 결정과 판단은 주인에게 물어보아야 한다. 청지기가 최종 결정을 할 수 없다.

그래서 성경에서는 하나님을 "나의 주인"이라는 뜻으로 "아도나이"라고 부르기도 한다. 또 "주 하나님"으로 표현하기도 한다. 신약성경에서는 예수님을 "퀴리오스"라고 해서 "주인"으로 표현하기도 한다. 베드로도 예수님을 "주여"라고 불렀다.

우리 인생의 주인은 하나님이다. 이것은 모든 영역에서 똑같이 적용된다. 남자와 여자는 서로의 주인이 될 수 없다. 가정의 주인은 남편 혹은 여자가 아니다. 서로의 주인, 그리고 가정의 주인은 하나님이시다.

행복한 가정은 누가 주인인지를 아는 데서 시작한다. 하나님이 가정을 허락하셨고 하나님이 주인이기 때문에 모든 일을 주인에게 간구하고 물어야 한다. 하나님이 중심이 되고, 가정 구성원들은 그분의 자녀이다. 하나님을 중심으로 모여 함께 하나님을 바라볼 때 가정은 진정으로 하나로 연합될 수 있다.

한 가정을 만들게 하신 분은 하나님이시다. 인간의 결정과 판단으로 만들어진 것처럼 보이지만, 그 뒤에 하나님이 계신다. 가정을 인도하시는 분이 하나님이라는 사실을 철저하게 인정할 때, 하나님은 가정을 이끌어 가신다. 가정을 향해 말씀하신다.

  가정의 주인이 하나님이시므로 가정에서 일어나는 모든 일에 대해 하나님께 지혜를 구해야 한다. 재정 사용도 하나님께 먼저 지혜를 구해야 한다. 어디에 살 것인지, 직장을 옮길 것인지, 자녀를 언제쯤 계획할 것인지, 부모를 언제 어떻게 모실 것인지, 작은 일에서 큰 일까지 주인이신 하나님께 지혜와 인도를 구해야 한다. 이것이 참된 청지기의 정신이다. 하나님이 주인이시므로 무엇이든 우리에게 주시기도 하고 가져가시기도 한다. 우리는 하나님께 모든 것을 위탁받았다. 이것을 믿음으로 받아들이고 하나님께 작은 것이라도 구할 때, 하나님은 자신을 인정하는 자녀의 기도를 기뻐하신다.

### 요약

**하나님은 우리와 관련된 모든 것의 주인입니다.**
우리는 하나님 앞에서 단지 맡은 자에 불과합니다. 재산, 건강, 호흡까지도 하나님이 주셨습니다. 가정 또한 하나님이 주인이기 때문에, 항상 작은 일부터 큰 일까지 인도를 구해야 합니다. 하나님의 주되심을 인정할 때, 하나님은 우리의 모든 것을 인도해 주십니다.

### 질문

- 위 글을 읽고 느낀 점은 무엇인가요?
- 나의 삶에서 주되심을 인정하지 못한 부분은 무엇인가요?
- 결혼 후, 가정의 주인 되신 하나님을 함께 섬길 수 있는 방법에 대해 생각해 봅시다.

# 28

# 부모를 떠나라

그러므로 사람이 부모를 떠나 그의 아내와 합하여 그 둘이 한 육체가 될지니 엡 5:31

### 함께 읽기

며느리와 시어머니는 예나 지금이나 어려운 사이다. 두 사람의 갈등은 인류 역사가 시작된 이래로 계속되어 왔다; 이 갈등은 어디에서 기인한 것일까? 대부분은 시어머니가 아들을 떠나보내지 못해서 생기는 경우가 많다. 아들이 장가를 가면 사는 곳만 달라진 것이라고 생각해서는 안 된다. 마음으로부터 아들을 떠나보내야 한다.

시어머니뿐만 아니라 아들도 마찬가지다. 어머니에게 심리적으로 의존하던 마음을 정리해야 한다. 새롭게 꾸린 가정의 문제를 아내보다 어머니와 먼저 상의해서는 안 된다. 시어머니도 마찬가지다. 집을 옮기는 문제, 직장을 옮기는 문제, 돈 관리, 주택 관리, 자녀 계획에 있어서도 아들은 자신의 아내와 제일 먼저 상의를 해야 하고 그 안에서 결정을 해야 한다. 이런 우선순위가 지켜지지 않는다면 신혼 가정에 시어머니나 장모님이 함께 살고 있는 것과 같다. 부모는 자녀가 결혼한 후에는 옆으로 비켜서야 한다. 부부 사이에 끼어들면 자녀는 자립할 수 없을 뿐만 아니라 부부 갈등이 증폭될 수밖에 없다.

자녀들이 행복하게 사는 모습을 볼 때, 자녀에 대한 애착이 강한 부모들은 이렇게 생각할 수 있다. "내가 갖은 고생을 다해서 키워놨더니, 남 좋은 일만 시키고 있구나." 아들과 딸에게 집착이 강할수록 이런 생각을 하게 될 가능성이 높다. 삼십 년 넘게 애지중지 키웠다가 떠나보내려니 이루 말할 수 없이 허전하겠지만 그래도 떠나보내야 한다. 왜인가? 성경에서 그렇게 말씀하고 있기 때문이다. 창세기 2:25은 "부모를 떠나"라고 분명히 말하고 있다.

이 떠남은 육체뿐만이 아니라 심리적으로 의존하던 관계를 완전히 떠나는 것이다. 그리고 물질적인 부분에서도 떠나야 한다. 비록 결혼 초기에 경제적인 어려움 때문에 양가의 도움을 받을 수는 있지만, 이것 때문에 부모에게 매여서는 안 된다. 떠나보낸 자녀가 진정으로 행복하기를 원한다면, 독립된 자녀의 가정을 존중하고, 자녀 역시 모든 부분에서 부모님과 먼저 상의하거나 부모님을 의존하지 말아야 한다. <u>스스로 판단하고 결정하고 책임지는 가정으로 홀로 서야 한다.</u>

 요약

**결혼 생활은 부모를 떠나면서 시작됩니다.**

떠난다는 것, 단지 거주지가 달라진다는 뜻이 아닙니다. 심리적으로, 경제적으로, 육체적으로 부모를 떠난다는 뜻입니다. 모든 일은 이제 남편과 아내가 먼저 상의하며, 하나님의 뜻을 함께 구해야 합니다. 부모도 자녀를 마음으로 떠나보내고, 자녀 스스로 인생의 여러 문제들을 결정하고 판단할 수 있게 도와야 합니다. 이것이 부모를 떠나는 결혼입니다.

 질문

- 위 글을 읽고 느낀 점은 무엇인가요?
- 부모를 떠난다는 의미를 나의 언어로 다시 표현해 봅시다.
- 부모를 떠날 때 오는 두려움이 있다면 무엇인가요?

# 29

# 남자는 다스리는 자?

너는 남편을 원하고 남편은 너를 다스릴 것이니라 창 3:16

### 함께 읽기

가부장적인 전통 사회에서는 남자가 여자보다 우월한 존재이고 여자는 열등한 존재여서 남자에게 복종해야 한다고 말한다. 과거에는 아버지의 밥상을 따로 차려 드리고, 따뜻한 밥도 아버지를 먼저 드려야 했다. 아버지가 명령하면 어머니는 어떤 말이든 순종했고 그것이 여자의 미덕이라고 생각되던 시절이 있었다. 지금은 종종 정반대의 현상이 일어난다. 남자와 여자의 동등을 넘어서, 능력 있는 여자가 남자와 가정을 이끌고 권위를 가지기도 한다.

그러면 성경에서는 남자와 여자의 위치를 어떻게 말씀하고 있는가? 먼저 창세기 3장은 남편이 여자를 다스릴 것이라고 말씀한다. 에베소서 5:22은 여자에게 복종하라고 가르친다. 이런 말씀들을 보면 남자가 여자를 마음대로 부리고 다스려도 된다고 생각하기 쉽다. 여자는 남자에게 어떤 의견이나 주장을 하면 안 되고 그런 행동을 하는 것 자체를 죄라고 생각할 수도 있다. 그러나 이것은 성경의 본래 의미가 아니다.

성경은 남자에게 여자를 귀하게 여기라고 말씀하고 있다. 베드로전서 3:7은 "그를 더 연약한 그릇이요 또 생명의 은혜를 함께 이어받을 자로 알아 귀히 여기라"라고 말씀한다. 에베소서 5:25은 "남편들아 아내 사랑하기를 그리스도께서 교회를 사랑하시고 그 교회를 위하여 자신을 주심 같이 하라"고 말씀하며 남편이 목숨처럼 아내를 사랑해야 한다고 말씀하고 있다.

그러면 남편이 아내의 머리이고 다스린다는 뜻은 무엇인가? 이것은 가정의 질서를 말하는 것이다. 어떤 공동체나 조직이나 대표자가 있다. 대표는 공동체를 책임지고 이끄는 사람이다. 어려운 일이 있을 때 앞장서서 해결할 책임이 대표에게 있다. 다른 공동체와 협상을 할 때도 구성원 모두가 나서지 않고 대표가 나가서 중요한 결정을 내리고 책임을 지게 된다. 남자는 가정이라는 공동체의 대표다. 그리고 가정의 모든 일에 대해서 책임지는 존재이다. 아담과 노아, 아브라함과 같은 족장 시대에는 남자가 하나님의 말씀을 대언하는 선지자의 역할을 했다.

하나님은 가정의 질서를 위해 남자를 세우셨다. 가장인 남자는 하나님이 세운 가정의 책임자이다. 그래서 하나님은 하와를 창조하실 때 아담에게 이끌고 오셨고, 하와가 선악과를 먹는 죄를 지었을 때는 먼저 아담에게 책임을 물으셨다.

가정에는 질서가 있다. 남자와 여자는 동등하지만, 대표자는 남자이다. 성경은 이 질서에 관해서 말씀하고 있다. 그래서 가정사를 논의할 때 대표자가 남자라는 사실을 기억하고 질서 있게 가정의 일을 도모해야 한다. 가정 기도회를 할 때도 남자가 인도하는 것이 좋다.

 요약

남자가 여자를 다스린다는 뜻은 질서를 말하는 것입니다.
남자의 부당한 요구에 무조건 굴종하라는 뜻이 아닙니다. 남자와 여자는 동등합니다. 하나님의 형상으로서 동등합니다. 그러나 한 가정을 이룰 때는 질서가 필요합니다. 대표자가 필요하고 영적인 인도자가 필요합니다. 그런 점에서 남자는 가정의 대표자이며 동시에 영적인 가장입니다.

 질문

- 위 글을 읽고 느낀 점은 무엇인가요?
- 남자가 여자를 다스린다는 말은 주로 어떻게 왜곡됩니까?
- 가정의 대표자는 가정 예배 때, 또는 크고 작은 가정사에서 어떤 역할을 해야 할까요?

## 30

# 싸움은 성장을 위한 최고의 기회

노하기를 더디하는 자는 용사보다 낫고
자기의 마음을 다스리는 자는 성을 빼앗는 자보다 나으니라 잠 16:32

### 함께 읽기

결혼 초기에 남자와 여자는 사소한 일들로 자주 싸운다. 몇 십 년 동안 다른 생활 습관과 다른 사고방식을 가지고 살아온 두 사람이 함께 산다는 것은 쉽지 않은 일이다. 그러나 갈등이 생겨 때때로 다투는 것은 나쁜 일이 아니다. 차이가 분명히 드러날 때, 더 이해하고 참아야 하고 품어야 할 부분이 무엇인지 비로소 드러난다. 모난 돌이 서로 부딪히며 깎여 예쁜 몽돌이 되듯이 부부는 갈등을 통해 서로에 대한 이해가 깊어지면서 성장한다.

싸운다는 사실보다 더 중요한 것은 싸우고 나서 어떻게 화해할 것인가이다.

1. 두 사람 모두 감정이 일단 정리되어야 한다. 미운 감정과 분노가 남아 있는 채로 대화를 시도하면 더 큰 문제가 생길 수 있다. 다툰 후에는 이렇게 물어보자. "잠깐 이야기 좀 할 수 있을까?" 혹시 상대의 말투에서 분노가 묻어난다면 감정이 가라앉을 때까지 기다리자.

2. 조용하고 구별된 시간과 장소가 필요하다. 설거지를 하고 있는데 뒤에서 말하거나, 텔레비전을 보고 있는데 진지한 대화를 시도해서는 안 된다. "애들 재우고 얘기 좀 할까?" "밥 먹고 밖에서 차 한 잔 마실까?" 이렇게 시간과 장소를 미리 약속하면, 마음의 준비를 하고 대화할 내용을 미리 생각해 둘 수 있다.

3. 대화를 시작할 때는 꼭 명심할 주어가 있다. "당신"이라고 하는 You로 시작해서는 안 된다. 상대의 잘못을 먼저 꺼내지 말고, 나의 감정과 생각을 먼저 설명하

자. 왜 싸움이 시작되었는지, 사소한 배경부터 당시의 감정이나 생각, 상황을 상대방에게 설명한다는 마음으로 접근하자. 그러면 상대방이 당시에는 알지 못했던 나의 상황을 이해를 하면서 오해를 풀 수 있다.

4. 상대의 눈을 보면서 이야기하자. 눈을 보면서 아이(I) 메시지로 나의 감정과 당시 나의 입장을 설명하되, 상대방에게 미리 자신의 의도를 설명하는 것이 좋다. "자기야, 오늘 내가 이런 이야기를 하는 건 당신을 비난하려는 것이 아니고, 나를 이해해달라는 의미야. 솔직한 내 심정을 말할 테니까 이해하는 마음으로 들어주면 좋겠어." 사람은 누구나 전폭적인 수용을 받을 때, 불안과 의심 없이 마음속 이야기를 할 수 있게 된다.

5. 두 손을 잡고 이야기를 해보자. 두 눈을 바라보고 두 손을 잡고 나에 관한 이야기 할 때, 나의 말이 훨씬 더 진실하고 진정성을 담은 호소력을 가질 수 있다.

6. 여기까지 순조롭게 진행되었다면, 마음이 안정된 사람부터 정중하게 사과를 하고 용서를 구하자. 그리고 앞으로 같은 문제로 반복해서 싸우지 않도록 충분히 대화를 나누자.

 요약

부부의 갈등 해결에 정답은 없습니다.
서로의 의사소통 방식과 살아온 문화와 생활 습관이 너무나 다르기 때문에, 대화를 통해 서로를 인정하고 화해의 길을 만들어나가야 합니다. 특별한 장소와 시간에서, 아이 메시지로, 진실성 있는 대화를 나눌 때, 부부는 서로를 깊이 이해할 수 있을 것입니다.

 질문

- 위 글을 읽고 느낀 점은 무엇인가요?
- 싸우고 나서 성장을 위한 대화를 할 때 어떤 순서로 해야 할지 다시 정리해 봅시다.
- "나는"으로 시작하는 대화를 훈련해 보는 의미로, 지금 나의 감정과 상황을 설명해 봅시다.

# 31

# 가정의 경건 생활

경건은 범사에 유익하니 금생과 내생에 약속이 있느니라 딤 4:8

### 함께 읽기

밀레의 <만종>이라는 그림이 있다. 밭에서 일하고 있는 남편과 아내의 모습이 담긴 그림이다. 저녁 황혼이 질 무렵의 그들은 무척 고된 하루를 보낸 모습이다. 옷은 흙이 묻어 지저분하고 얼굴은 고된 노동으로 수척해 보이지만, 멀리서 들려오는 종소리에 맞추어 남편과 아내가 함께 고개를 숙이고 기도하는 모습은 숭고하고 경건해 보인다. 두 사람은 말이 없지만, 고되고 힘든 하루도 모두 하나님의 은혜이며 감사할 제목이라고 속삭이는 것 같다. 모든 인생의 짐과 곤고함을 교회 종소리 앞에 내려놓고 평안을 찾은 모습이다.

부부가 서로 경건에 힘을 써야 하는 중요한 이유가 이 그림에 담겨 있다. 남편과 아내는 하루 동안 다른 삶을 살아간다. 서로 다른 장소에서 다른 일을 하며 다른 사람들을 만나며 하루를 보낸다. 좋은 일을 경험할 수도 있지만, 쉽지 않은 일과를 보낼 때도 많다. 저녁이 되면 두 사람은 여러 이유들로 몸과 마음이 지치게 된다. 그러면 자연스럽게 자신의 문제와 감정에 집중하게 되고, 상대의 형편과 감정을 배려하기 힘든 상황에 놓일 수 있다.

사람은 언제나 자신의 문제에 집중하기 마련이다. 힘들 때일수록 더욱 그렇다. 이것은 신앙인이라도 아직 온전하지 않기 때문에 그렇다. 그러나 이런 문제를 벗어날 수 있는 방법이 있다.

우리는 우리를 지으신 하나님을 바라봄으로써 나 자신에게서 벗어날 수 있다. 인간을 그리스어로 '안드로포스'라고 한다. 위를 바라보는 존재라는 뜻이다. 성경적으로 말하면, 하나님을 바라보아야 인간의 참된 모습을 찾을 수 있다는 뜻이다. 참된 샬롬은 하나님과 인간과 세상이 함께 평안을 가지는 것이다. 가정도 그렇다. 남편과 아내가 함께 하나님을 바라볼 때 가정은 진정으로 하나될 수 있다. 하나님을 바라봄으로써 서로를 바라볼 수 있다. 가정의 경건은 하나님을 중심으로 가정을 세우기 위해 반드시 필요하다. 인간은 언제나 자기 자신을 바라보려고 하지만, 경건에 힘쓸 때 하나님을 바라보게 되고 자신의 모습을 다시 발견하면서 그 눈으로 상대방을 바라보게 된다. 이런 관계를 삼각형으로 그려볼 수 있다. 이렇게 하나님 중심의 관계 구도를 만들 때 우리 안에 참된 샬롬이 생길 수 있다. 이 샬롬은 하나님으로부터 오는 참된 행복과 평안을 우리에게 준다. 그래서 어떤 경우라도 가정이 하나님을 함께 바라보고 그 안에서 서로 이해하며 서로 용납할 때, 성령 하나님의 하나되게 하신 은혜를 누릴 수 있다.

 요약

가정의 주인은 하나님이십니다.
하나님이셔야 하는 이유는 그분이 남자와 여자를 만드시고 가정이라는 제도를 제정하셨기 때문입니다. 따라서 삶에서 오는 문제를 하나님께 맡겨야 자신의 문제에 매몰되지 않고, 원망과 걱정과 근심을 이기며, 참된 하나님의 인도를 경험할 수 있습니다.

 질문

- 위 글을 읽고 느낀 점은 무엇인가요?
- 가정의 경건이 중요한 이유가 무엇인가요?
- 앞으로 가정을 이루면 무슨 요일, 몇 시에 함께 경건의 시간을 가지겠습니까?

## 참고도서

**《결혼수업》**, 한스 예루셰크, 교양인, 2007.
**《결혼을 말하다》**, 팀 켈러, 두란노, 2014.
**《소망상자(희망편)》**, 류중현, 소망플러스, 2013.
**《십계명: 언약의 10가지 말씀》**, 손재익, 디다스코, 2016.
**《아침키스가 연봉을 높인다》**, 두상달·김영숙, (사)가정문화원, 2009.
**《이마고 부부치료 워크북 부부심리 이해》**, 심수명, 도서출판다세움, 2008.
**《30년만의 휴식》**, 이무석, 비전과 리더십, 2006.
**《5가지 사랑의 언어》**, 게리 채프먼, 생명의 말씀사, 2010.

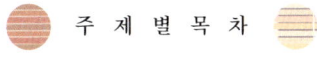

## 주 제 별 목 차

### 성경적 결혼

11. 왜 결혼을 만드셨는가
17. 결혼, 이 비밀이 크도다
18. 언약으로 회복되는 사랑
19. 여자는 돕는 배필?
28. 부모를 떠나라
29. 남자는 다스리는 자?

### 대화의 기술

5. "I" 어법
6. 말꼬리 어법
13. 대화의 기술
14. 듣는 기술
20. 감정의 그릇
21. 설거지 갈등

### 결혼과 성

3. 터치의 기적
4. 남자는 밧줄, 여자는 명주실
25. 성적인 욕구는 왜 생기는가
26. 혼전 순결이 필요해?

### 결혼과 재정

16. 결혼, 무엇이 유익한가
22. 어떻게 돈을 쓸 것인가
27. 행복의 비결, 청지기 의식

### 결혼과 성장

2. 과거의 상처 안아주기
7. 잘 싸우는 방법
8. 왕과 왕비가 되는 비결
23. 웨딩드레스 투어
24. 서로 달라야 행복하다
30. 싸움은 성장을 위한 최고의 기회
31. 가정의 경건 생활

### 완성되는 사랑

1. 내 몸처럼 사랑한다?
9. 성숙한 사랑이란?
10. 사랑은 포기하는 것
12. 사랑에도 노력이 필요해?
15. 사랑의 언어

## wedding schedule
## 결 혼 준 비 과 정

*D-100 .*  양가 상견례, 결혼일, 결혼장소, 결혼예산

*D-90 .*  웨딩스튜디오, 드레스, 신혼집 준비

*D-80 .*  웨딩큐티 시작, 신혼여행 계획

*D-70 .*  결혼식 주례 및 사회자 섭외

*D-60 .*  청첩장 준비, 예단 예물 준비

*D-50 .*  신혼집 인테리어

*D-40 .*  침구세트 구입, 가전과 가구 구입

*D-30 .*  스튜디오 촬영, 함 준비

*D-20 .*  폐백, 이바지음식 예약

*D-15 .*  신혼집 이사, 청첩장 발송

*D-10 .*  피부관리, 신혼여행 준비, 웨딩카 준비

*D-01 .*  결혼식스케줄 확인, 신혼여행 가방점검

결 혼 예 산 세 우 기

| 내 용 | 신 랑 | 신 부 | 예상 금액 | 실제 금액 | 비 고 |
|---|---|---|---|---|---|
| 예식 부대비 | | | | | |
| 예식장 대여료 | | | | | |
| 폐백, 이바지 | | | | | |
| 청첩장, 답례품 | | | | | |
| 신혼여행비 | | | | | |
| 가구, 가전 | | | | | |
| 주방, 가사용품 | | | | | |
| 한복, 예물 | | | | | |
| 인테리어 | | | | | |
| 주택비, 복비 | | | | | |

웨 딩 큐 티

죽고 사는 것이 혀의 권세에 달렸나니  잠 18:21

## 신랑이 신부에게 꼭 듣고 싶은 말 & 듣기 원치 않는 말 쓰기.

내가 사랑하는 신부에게 가장 듣고 싶은 말은 무엇인지 써 보세요. 기록한 후에 신부에게 보여 주세요. 신부는 아래 5가지를 직접 신랑에게 읽어 주세요. 축복의 말은 힘든 일을 극복할 수 있게 하며, 하나님을 바라보게 만듭니다. 평생 동안 아래 5가지 말을 꼭 하기로 다짐합시다.

1.
2.
3.
4.
5.


내가 사랑하는 신부에게 결코 듣고 싶지 않은 말은 무엇인지 써 보세요. 신부는 아래 문장을 마음으로 읽고 평생 말하지 않기로 다짐합니다. 듣기 싫은 말은 평생 씻을 수 없는 깊은 상처로 남아 마음을 병들게 하고 관계를 파괴할 수도 있습니다. 아래의 3가지는 평생 말하지 않기로 다짐합니다.

1.
2.
3.

죽고 사는 것이 혀의 권세에 달렸나니  잠 18:21

# 신부가 신랑에게 **꼭 듣고 싶은 말** & **듣기 원치 않는 말** 쓰기.

내가 사랑하는 신랑에게 가장 듣고 싶은 말은 무엇인지 써 보세요. 기록한 후에 신랑에게 보여 주세요. 신랑은 아래 5가지를 직접 신부에게 읽어 주세요. 축복의 말은 힘든 일을 극복할 수 있게 하며, 하나님을 바라보게 만듭니다. 평생 동안 아래 5가지 말을 꼭 하기로 다짐합시다

1.

2.

3.

4.

5.

내가 사랑하는 신랑에게 결코 듣고 싶지 않은 말은 무엇인지 써 보세요. 신랑은 아래 문장을 마음으로 읽고 평생 말하지 않기로 다짐합니다. 듣기 싫은 말은 평생 씻을 수 없는 깊은 상처로 남아 마음을 병들게 하고 관계를 파괴할 수도 있습니다. 아래의 3가지는 평생 말하지 않기로 다짐합니다.

1.

2.

3.